Juliezer Sousa

Você está satisfeito com sua vida financeira?

Como planejar e mudar suas
atitudes para ter prosperidade

Você Está Satisfeito Com Sua Vida Financeira?

Como planejar e mudar suas atitudes para ter prosperidade

Juliezer Sousa

2ª Edição

CASA DO
ESCRITOR
Rio Verde - GO
2020

Você está satisfeito com sua vida financeira?
Como planejar e mudar suas atitudes para ter prosperidade
de **Juliezer Sousa**

Editor

Eldes Saullo

Revisão

Triza Marsallo

Projeto Gráfico e Editorial

Casa do Escritor

Dados Internacionais de Catalogação na Publicação (CIP)

Sousa,Juliezer.
S725v   Você está satisfeito com sua vida financeira? - Como planejar e mudar suas atitudes para ter prosperidade / Juliezer Sousa – Rio Verde - GO: Publicação Independente / Casa do Escritor, 2020.

ISBN 979-8694583442

1. Finanças pessoais 2. Sucesso nos negócios 3. Riqueza 4. Sucesso I. Título

CDD 322.024

DEDICATÓRIA

Dedico este livro primeiramente a DEUS, que é o criador de tudo e nos permitiu a vida. À minha esposa, Márcia, pela parceria e por acreditar em todos os projetos e sonhos ao meu lado, por sempre me motivar e me fortalecer. Sem seu apoio, este sonho não teria se transformado em realidade.

Aos meus filhos, Kelly Larissa e Gabriel, que são minha razão de viver e de sempre buscar ser um homem melhor. Aos meus pais, que sempre me incentivaram a buscar conhecimento, evoluir e ter humildade para entender que estamos todos no mesmo barco e que, se podemos ajudar alguém, devemos fazer isso com amor e prazer.

Aos meus amigos, que sempre me incentivaram neste projeto e a todos os leitores que estão buscando a evolução e o conhecimento.

Sumário

Introdução

Esse é um tema bastante discutido e falado. No entanto, a grande verdade é que é pouco praticado, devido ao fato de sempre haver uma expectativa em torno dele, que na maioria das vezes se torna desilusão na vida das pessoas. Resolvi escrever este livro com o apoio e incentivo de amigos com os quais tive a honra de partilhar inúmeras experiências e aprendizados e também com os vários treinamentos que fiz durante minha jornada.

Passei minha vida inteira me dedicando a esse tema, mais precisamente desde os 16 anos. No início, pela vontade e ambição de crescer e ter condições financeiras de poder ajudar minha família e ter uma vida com mais qualidade.

Com o passar dos anos, com mais conhecimento adquirido e experiência de vida, entendi que a jornada pela qual passei para atingir meus objetivos e para conquistar a maioria das vitórias que tive em minha vida era a dificuldade da maioria das pessoas. Percebi que muitas atitudes e habilidades que desenvolvi com o passar do tempo poderiam ser compartilhadas, e principalmente, que essas habilidades podem ser desenvolvidas por qualquer pessoa.

Durante muito tempo, me perguntava o que algumas pessoas têm de tão especial para conseguir atingir a prosperidade na vida, colocar em prática suas ideias e, principalmente, planejar suas finanças de maneira tão eficiente. Como eu não chegava nem perto disso, desde muito jovem me interessei pelo tema e estudei muito.

Este livro foi escrito por alguém igual a você. Alguém que tem angústias, medos, fraquezas, mas, sobretudo por alguém que teve a consistência e resistência para continuar a tentar, aprender e lutar, até que um dia tudo clarificasse e as coisas começassem a fazer sentido. E os resultados vieram de maneira avassaladora.

A prosperidade não é um acaso. Na verdade, ela é um conjunto de habilidades psicológicas, emocionais e técnicas que precisamos desenvolver para que possamos atingi-la. Neste livro, irei compartilhar tudo o que fez sentido para mim, e ainda faz, para atingir meus objetivos, quais atitudes e habilidades precisei desenvolver e quais comportamentos precisei modificar para que as coisas começassem a mudar e melhorar meus resultados.

Vejo sempre pessoas argumentarem que não sabem para onde está indo o seu dinheiro e não entendem como algumas pessoas conseguem administrar tão bem esses recursos. É justamente esse caminho que quero te ajudar a trilhar, ao desvendar e muitas vezes até desmitificar essas crenças visando corrigir hábitos, por meio de novas atitudes e novas habilidades.

Irei te ajudar a entender sobre seus comportamentos e sentimentos com o dinheiro para que você não erre mais, além de te auxiliar a se desvencilhar de crenças e bloqueios que na maioria das vezes nos travam e não nos deixam progredir na vida, nos prendendo em limites invisíveis.

Será uma jornada que preparará desde seu estado psíquico atual até o planejamento financeiro na prática, no dia a dia. Disponibilizarei ferramentas e estarei junto a você para que pare de procrastinar e comece a lutar pelos seus sonhos agora.

E se você me perguntar: "por que você escreveu este livro?".

A resposta é simples. Porque aqui está contido tudo o que eu gostaria que fosse compartilhado comigo sobre gestão financeira pessoal, sobre quais comportamentos, habilidades e atitudes precisei mudar e desenvolver para ter prosperidade em minha vida. E irei te ensinar a desenvolver na prática um planejamento financeiro para que você comece do zero a mudar suas finanças e assumir a direção e o rumo da sua vida.

O objetivo é te ajudar ao máximo a desenvolver atitudes para atingir o comportamento de uma pessoa próspera financeiramente e de sucesso em todas as áreas de sua vida.

Quero que se prepare de corpo, mente e alma para uma jornada surpreendente. Se você realmente busca atingir prosperidade, este é o primeiro passo que te convido a dar: ter a atitude de mergulhar nesta viagem de cabeça — não apenas ler, mas praticar e desenvolver todas as ferramentas e técnicas que dividirei com você.

Capítulo 1
Analisando meus comportamentos e emoções nas finanças

Toda mudança tem um início, e independentemente de como está a sua vida no momento, este é o seu ponto inicial. Neste capítulo, você dará seu ponto de partida para uma mudança significativa em sua vida.

Entenda que eu não tenho intenção alguma de te enganar ou prometer algo muito fácil. Contudo, posso prometer que, se você realmente quer mudar sua vida financeira para melhor, independentemente do momento em que está agora, se você se comprometer a entender tudo o que entregarei — mesmo que em alguns momentos precise ler mais de uma vez — e fizer todas as tarefas que passarei, a única certeza que tenho é a de que sua vida mudará muito.

E para essa mudança acontecer em sua vida, você teve que ter a ATITUDE de começar, primeiro com a compra desta obra e segundo ao iniciar esta leitura. Esse é o seu marco da mudança, é o seu pontapé inicial. Um atleta olímpico, para se transformar em um profissional de alta performance, um dia teve que tomar a decisão, teve que dar o primeiro passo. Esse é o seu primeiro passo. Parabéns.

Mas é claro que, apesar de importante, o primeiro passo não significa nada se você não continuar a dar passos em prol da sua prosperidade financeira. Então, é necessário entender sua situação atual, pois é a partir deste momento que você poderá traçar novos caminhos e mudar toda a sua história.

Nos tópicos abaixo deste capítulo, irei apresentar os principais problemas que fazem com que pessoas fiquem endividadas ou não tenham uma vida financeira saudável e crescente. Isso as impede de progredir em suas vidas, pois ficam empacadas e geralmente repetem esses erros durante a vida toda, em um ciclo vicioso.

Você provavelmente está pensando que o passo inicial é um levantamento de dívidas, análise de como gasta o seu dinheiro ou algo parecido. Mas na verdade não — o pontapé inicial é comportamental. É entender como você lida com seus sentimentos, suas emoções, quais são as suas atitudes quando está com alguma emoção aflorada. A primeira reflexão que quero te levar a ter é analisar seu estado atual psicologicamente.

Ou seja, neste capítulo, irei apresentar diversos sentimentos e comportamentos que na maioria das vezes governam as pessoas, pois elas não percebem que estão agindo sempre com emoções, sentimentos e frustrações afloradas. Garanto a você que este inicio será crucial para as demais mudanças de ATITUDE que te provocarei a fazer.

Comportamento e sentimentos sobre o dinheiro

Seu comportamento com o dinheiro é uma das principais armas e estratégias que te levarão à prosperidade. Contudo, da mesma forma, pode ser uma das armas mais poderosas que te levarão ao fracasso.

O comportamento nas finanças se baseia em procedimentos que você usa para os estímulos na vida relacionados ao dinheiro. Seguem abaixo os três principais:

Comportamento social é o meio social que você frequenta, quem são seus amigos, qual é o seu local de trabalho. O principal é como esse meio influencia sua vida financeira e sua relação com o dinheiro.

Sobre o que as pessoas que convivem com você nesse meio social falam? Quais conselhos e orientações você costuma escutar? Essas pessoas são bem-sucedidas na vida financeira?

Entenda que nós somos fruto do meio em que vivemos. "Você é a média das cinco pessoas com quem mais convive" — com certeza você já deve ter ouvido essa frase do empreendedor e palestrante Jim Rohn. O ambiente em que vivemos afeta o que somos, porém isso não significa que esse cenário é irreversível. Você pode mudá-lo quando quiser.

Comportamento sentimental nas finanças se trata dos sentimentos que você atrela ao dinheiro e como esses sentimentos influenciam sua vida financeira. Essas emoções podem ser positivas ou negativas. Cito abaixo alguns exemplos para que você entenda melhor.

Sentimentos negativos — em geral estão ligados a traumas pelos quais você passou e te influenciam muito. Normalmente, a pessoa tem a impressão de que está fazendo a coisa certa. Entretanto, toda vez que faz a ação, fica com um sentimento de culpa, pois sabe que aquela atitude vai trazer resultados negativos para sua vida. Veja alguns exemplos:

Frustrações na infância: a pessoa se transforma em um consumista compulsivo com a ideia de que está se premiando (eu mereço). Porém, na verdade, é uma forma de tentar manipular um sentimento ruim, e está ligada diretamente à falta de autoconhecimento e de entender o porquê desses gastos sem medida.

Necessidade de autoafirmação: está ligada ao meio social em que se vive. Para conseguir interagir e fazer parte do grupo social, a pessoa acaba tomando atitudes que não correspondem com sua situação financeira atual. Mesmo sem ter uma conta bancária compatível, o indivíduo tenta acompanhar outro estilo de vida.

Orgulho: está ligado geralmente a pessoas muito medrosas, que não toleram a possibilidade de perder ou de necessitar de ajuda. Acabam juntando dinheiro durante uma vida inteira, porém não usufruem desses recursos e se tornam escravos do dinheiro.

Ansiedade: esse é um sentimento muito comum, que leva as pessoas a misturar sentimentos, como a depressão e outras doenças psíquicas. O ansioso sofre por resultados que não consegue alcançar e muitas vezes acaba se endividando mais.

Carência: geralmente é explorada por pessoas (vendedores, por exemplo), que se aproveitam de momentos em que a pessoa não está com a razão. Muitas vezes, esses momentos ou períodos trazem grandes prejuízos e se transformam em grandes problemas.

Sentimentos positivos são forças que motivam e animam a ir para frente e evoluir. São eles:

Otimismo é o sentimento de sempre acreditar que tudo pode dar certo, que pode melhorar. Esse é o sentimento dos vencedores.

Alegria é o sentimento de felicidade, é a capacidade de enxergar sempre o lado bom, aproveitar essa dádiva chamada vida. É claro que ninguém é 100% feliz o tempo todo, mas estar com um sorriso no rosto e ver o lado positivo sempre ajuda.

Coragem é o sentimento de estar pronto independentemente dos obstáculos. É estar pronto para lutar, sem vitimismo, e encarar os problemas que a vida nos traz.

Paz é o estado de espírito em que se está bem consigo mesmo. É aceitar como você é e aceitar os outros como eles são. É autoconhecimento, é a capacidade de se aceitar.

Confiança é a capacidade de acreditar em si e de desenvolver atividades sem dúvidas. Quando estamos confiantes, a probabilidade de fazer algo certo é muito maior.

Os sentimentos positivos contribuem muito para seus comportamentos, visto que, a partir do momento em que você está feliz, já é um passo positivo para a prosperidade. Quem está feliz não precisa de consumismo, de nenhuma enganação ou forma frustrada e mentirosa de tentar preencher lacunas.

Diante de todos esses sentimentos, você já consegue perceber como existem variáveis de momento que muitas vezes afetam seus comportamentos nas finanças. Faça um exercício e avalie como esses sentimentos influenciaram seus comportamentos de maneira positiva e negativa.

Aqui vai o primeiro grande passo que você dará

em prol da sua prosperidade financeira.

Tarefa: Faça uma lista de quais foram os seus comportamentos em sua vida financeira quando estava com os sentimentos descritos na lista. Seja sincero e lembre-se de comportamentos específicos (que aconteceram em momentos raros) ou repetidos (que aconteceram em momentos diversos) com aquele sentimento e qual foi o resultado (bom ou ruim).

Sentimentos negativos	Comportamento provocado	Resultado obtido
Frustração		
Necessidade de autoafirmação		
Orgulho		
Ansiedade		
Carência		

Sentimentos positivos	Comportamento provocado	Resultado obtido
Otimismo		
Alegria		
Coragem		
Paz		
Confiança		

Agora você já entende o quanto é importante policiar nossos sentimentos negativos e incentivar os positivos que nos levam aos melhores resultados.

Eu sei que você provavelmente nunca havia percebido o quanto seus sentimentos influenciam em seu dinheiro, mas isso é uma grande verdade. Portanto, você precisa domar esses sentimentos e não ser um boneco de pano facilmente manipulado.

Um exemplo: quando uma criança percebe que, toda vez que chora e fica triste, ganha um chocolate, ela começa a repetir aquele comportamento para atingir o resultado esperado, que é ganhar o chocolate. Portanto, observe se você não está se autossabotando para repetir comportamentos, ou pior, se alguém te induz ou te motiva a determinados sentimentos. Seja autorresponsável.

A autorresponsabilidade é a capacidade de assumir seus erros e acertos e manter-se firme em seus propósitos (assunto que ainda trataremos), sem vitimismo ou pena de si mesmo. É quando você para de se autossabotar e assume o controle, deixa de se lamentar por muitos fatos e passa a ter mais foco em prol de uma vida mais equilibrada e de atingir prosperidade financeira.

Minhas atitudes com o dinheiro hoje

Jung define a atitude como uma *"disponibilidade para agir ou reagir de uma determinada maneira. As atitudes muitas vezes vêm em pares, uma consciente e outra inconsciente"*.

As suas atitudes são uma mistura de seus comportamentos, sentimentos e crenças. Tudo que te ensinaram sobre prosperidade, riqueza e como gastar seu dinheiro, faz com que você tome as decisões que toma hoje.

Desde que comecei a ministrar palestras e treinamentos sobre finanças pessoais e prosperidade financeira, uma pergunta sempre é feita no início do treinamento: "Preciso que me ajude a descobrir para onde está indo meu dinheiro". Essa pergunta me deixava assustado no início, pois eu não entendia como uma pessoa não consegue saber onde gasta ou como gasta seu dinheiro.

Provavelmente muitos que estão lendo esta obra se identificaram com essa frase. Esta é a grande resposta para isso — a forma como te ensinaram a ver e a perceber o dinheiro se torna algo tão natural que você pensa que é a única que existe, ou às vezes sequer pensa, e isso apenas reflete em seus comportamentos, através de seus sentimentos e crenças.

Por exemplo: imagine uma pessoa que teve uma infância com necessidades básicas e que sempre viu seus pais dizerem que o dinheiro nunca dá para pagar as contas. Como uma criança ainda não tem capacidade de interpretar bem essas informações, depois de adulta, essa pessoa vive repetindo esse comportamento. Gasta todo o seu dinheiro de maneira equivocada, muitas vezes com coisas supérfluas que não irão mudar em nada sua vida e todo mês diz "eu não sei para onde está indo meu dinheiro", "meu dinheiro não está dando para pagar as contas". Entenda que isso é apenas um comportamento que está se repetindo e que pode ser mudado quando quiser!

Basta mudar as atitudes com o dinheiro, a forma de agir no dia a dia. Sei que parece simples, mas na verdade esse é um trabalho árduo. É necessário se policiar o tempo todo, já que na maioria das vezes o cérebro está tão programado para repetir comportamentos que a pessoa chega a fazer sem perceber.

Mas fique tranquilo. Nos próximos capítulos, irei demonstrar como destruir essas crenças, esses traumas que limitam a possibilidade de seguir em frente, e como desenvolver seu planejamento financeiro para atingir a prosperidade.

Consumismo – o câncer das finanças.

Esse é o maior ladrão de prosperidade que eu conheço. Atualmente, as grandes empresas e os estudos sobre marketing evoluíram muito, e o consumismo o transforma em um fantoche, ou seja, você cai como um patinho nessas armadilhas.

Quem já assistiu às minhas palestras e já escutou esse exemplo, quer testar o quanto as estratégias de marketing são poderosas hoje em dia? Convido-te a fazer o seguinte exercício: assista a um programa de TV que esteja vendendo um produto, nesses canais que passam o dia todo vendendo produtos. Sente-se em sua sala e cronometre 5 minutos. Durante esse tempo, assista atentamente ao programa e preste muita atenção no que está sendo vendido. Você irá perceber, que ao final desses 5 minutos, já terá um visão diferente sobre o produto e provavelmente poderá até passar por sua cabeça a possibilidade de comprá-lo.

Isso acontece porque as estratégias de marketing são muito poderosas. Eles sabem exatamente quais são os gatilhos mentais que precisam ser acionados para que aquela compra se transforme em algo necessário. Muitas vezes, pessoas dizem que não vivem sem aquele determinado produto e sua compra vira uma obsessão, um objetivo a ser alcançado.

O problema disso é que esse produto não mudará sua vida em nada. É apenas um prazer momentâneo que acabará em pouco tempo e logo será substituído por outra nova obsessão, e esse ciclo vicioso irá se iniciar novamente.

No exercício passado, você fez uma lista dos principais comportamentos que você tem que te transformam em um consumista e te impedem de progredir.

Neste exercício, você irá fazer uma pesquisa nas áreas da sua vida. Pesquise onde você gasta seu dinheiro, identifique hobbies e prazeres que você tem e te levam a exagerar (como pesca, coleções, videogame, roupas, calçados, carros, etc.).

Faça um levantamento do quanto você já gastou com essa área e entenda que resultado isso gerou. Reflita se realmente é necessária essa quantidade e sobre como mudar esse cenário.

Faça uma lista dos seus principais hobbies e coisas que comprou exageradamente ou com valor muito alto para seu momento financeiro atual.

Agora faça uma lista de ações e mudanças que você precisa começar para não cair mais nessas armadilhas.

Faça uma lista com os comportamentos e atitudes de consumo que estão te impedindo de progredir na vida financeira.

Pode existir algum comportamento que esteja ligado a bloqueios mentais, como o de escassez. Por exemplo: você tem muitos pares de sapato porque, quando era criança, seus pais não tinham condições de te dar calçados. Agora, seu cérebro cria o comando de comprar calçados sem parar, porque tem condições para isso.

Convido-te a ressignificar esse trauma. É justamente o próximo capítulo que falará dos bloqueios mentais e crenças limitantes. Com ele, você irá aprender a ressignificar essas passagens e transformar esses episódios em combustível, em motivação para te ajudar a prosperar, e não em freios que te impedem de evoluir.

Juliezer Sousa

Capítulo 2
Bloqueios mentais
e crenças limitantes

O que são bloqueios mentais e crenças limitantes e quais são os impactos que esses comportamentos geram em sua vida financeira e, consequentemente, na sua prosperidade?

Neste capítulo, irei apresentar o que são e demonstrar como esses bloqueios e crenças te impedem de progredir em sua vida. Na verdade, esses bloqueios e crenças muitas vezes se transformam em uma única verdade, em uma barreira intransponível, pela qual ninguém passou e ninguém nunca passará. No entanto, isso é um mito, e você precisa se desvencilhar disso.

Bloqueios mentais são ideias, fatos, momentos que te impedem de fazer algo. Geralmente vêm de momentos ou períodos que se tornaram marcantes em sua vida. Podem ser causados por medos, traumas, experiências negativas ou mesmo por crenças limitantes que você presenciou, geralmente no período da infância, e que conduzem suas decisões até hoje.

Imagine uma casa, com muros baixos, cujo dono tem um cachorro que consegue pular esse muro facilmente, mas que mesmo assim não pula de forma nenhuma. Quando era um filhote, o dono colocou um fio com um pequeno choque nesse muro, e quando ele encostava a pata para tentar pular, tomava um choque. Porém, agora que ele está grande e nem precisa mais encostar a pata para pular, anda assim, não tenta. E fica preso.

É exatamente isso que uma pessoa com bloqueios mentais e crenças limitantes faz. Quando era criança, alguém a disse e mostrou com atitudes que aquilo era impossível, que aquele resultado nunca seria atingido, que nunca teria dinheiro. Aquilo foi tão forte na sua infância que ela acreditou, e hoje, mesmo adulta, deixa esses sentimentos se transformarem em seus comportamentos e atitudes.

E pior que isso, são essas crenças que limitam, são esses bloqueios que norteiam sua vida, que determinam onde pode chegar. Por isso é tão importante mudar, e por mais que eu te ensine as melhores práticas de planejamento financeiro, se você não se desprender, nunca atingirá prosperidade financeira.

Como lidar com bloqueios e crenças que te impedem de prosperar

Existem muitos livros e materiais de qualidade que ensinam você a fazer um planejamento financeiro, a melhorar e sair de dívidas e desenvolver uma cultura constante de investimentos em sua vida.

Muitas pessoas estudam e leem esses materiais — talvez você até seja uma delas —, mas nunca conseguem sair da teoria, não conseguem tomar as rédeas da sua vida financeira e transformar seus caminhos em prosperidade.

Foi estudando muito que entendi que muitos ou quase todos os bloqueios e crenças conseguem ser mudados e destruídos com estas ações abaixo. Convido-o a pensar sobre isto com muito carinho e fazer estas ações com muita vontade, pois foi assim comigo e os resultados são surpreendentes e extraordinários.

O maior problema das pessoas é o que eu chamo de "trava", ou seja, não utilizam os conhecimentos que adquirem, que geralmente se transformam apenas em informações que foram absorvidas e que com o passar do tempo, somem. Diante desse fato, meu convite é que você transforme os próximos passos e mantras em uma obrigação que terá que fazer, a partir de agora, com constância.

1 – Comece a praticar todos os dias

Muitas pessoas estudam sobre investimentos e têm até uma boa noção de como desenvolver um planejamento financeiro, porém possuem uma vida financeira desequilibrada. Alguns, mais esforçados, continuam a buscar conhecimento e estudar, mas outros desistem e dizem "isso não foi feito para mim".

Na verdade, isso foi feito para você sim. Até porque ninguém terá sucesso nesta vida sem aprender a fazer na prática um planejamento financeiro, e é o que irei ensinar nos próximos capítulos.

O problema das pessoas não é apenas a falta de conhecimento, pois esse problema seria muito fácil de resolver com livros, com vídeos no YouTube e com cursos. É claro que esses caminhos poderão te ajudar muito, porém se não o fizer com constância, de nada adiantará.

No livro "Pense e enriqueça" de Napoleon Hill, ele diz a seguinte afirmação:

"Conhecimento NÃO é poder, é apenas poder em potencial. Ele se torna poder apenas quando organizado em planos de ação definidos, e direcionado para uma finalidade definida."

Ou seja, conhecimento se transformará em poder na sua vida se você fizer todo dia um pouco, criar um plano de ação, pequenas metas diárias, semanais e mensais e o fizer durante um tempo longo, até chegar um momento em que isso se transformará em um hábito e você nem perceberá mais que faz.

É necessário se acostumar com ele e transformar esse conhecimento em ações no dia a dia. Para que isso dê certo, você terá que fazer mudanças comportamentais. É importante entender que pequenas mudanças nos hábitos e no cotidiano ajudarão muito a fazer as grandes mudanças na sua vida, e que isso trará inúmeros benefícios a longo prazo.

2 – Pare de mentir para si mesmo

O segundo bloqueio é a dificuldade de colocar em prática algo que todos nós conhecemos, que é gastar menos do que se ganha. Entretanto, sua crença diz "não consigo", "minhas despesas básicas são maiores que meus ganhos", etc. Pare de MENTIR para si mesmo.

Este é o grande passo que você deve dar nesse momento, parar de mentir para si. Provavelmente, você conhece pessoas que vivem com menos, e se isso está realmente acontecendo, a grande verdade é que você está vivendo um momento financeiro que ainda não condiz com sua realidade.

A maioria das pessoas que já orientei estava com problemas financeiros sérios e passava por essa questão, e ela é uma barreira muito difícil de ser quebrada. Todavia, é de fundamental importância rompê-la, pois quando você adapta suas finanças ao seu ganho, é dado o primeiro passo grandioso para sair das dívidas e ter prosperidade.

Sempre que uma pessoa me diz "é impossível, já fiz todos os cálculos e não consigo mais diminuir minhas despesas", eu digo: "então agora você terá que aumentar seus ganhos, terá que dar um jeito, arrumar um bico, um segundo trabalho".

O que mais se tem dificuldade nesse momento é de entender que é necessário deixar luxos e caprichos, pois eles irão te levar para o buraco. Muitas vezes, queremos manter as aparências, sentimos que não podemos deixar a entender que não temos mais condições de fazer isso ou aquilo.

E é exatamente isso que o mercado espera de você. Que continue sendo esse fantoche que vive essa vida de aparências, que nunca terá prosperidade na vida financeira e gasta tudo o que ganha para parecer ter dinheiro, mas na verdade nunca terá.

O mais triste disso tudo é que provavelmente, no final de sua vida, você verá que tudo aquilo que possuiu não teve sentido algum — na verdade, nem se lembrará da maioria das coisas. Todavia, se você deixar um legado, ensinamentos para seus filhos, sobre como viver uma vida com princípios e valores, garanto que dirá: "valeu a pena cada esforço".

Certa vez, em uma palestra que ministrei na associação comercial da cidade de Rio Verde - GO, ao final, um senhor me procurou e disse, "se eu tivesse escutado uma palestra dessas há 30 anos, hoje estaria rico. Mas não seria o dinheiro minha felicidade, mas sim a paz que não tenho hoje, pois sei que nunca fui exemplo para minha família e agora preciso deles para tudo".

Aquelas palavras mexeram muito comigo e foram um combustível para mim, pois naquele momento eu entendi o quanto todo o conhecimento que eu adquiri com estudos e práticas sobre finanças poderia ajudar pessoas a não chegarem ao final de suas vidas com aquele tipo de sentimento e tristeza.

3 – Não existe milagre

Sim, isso é óbvio e verdadeiro. Contudo, pessoas ainda tentam alternativas mirabolantes, formas de ganhar dinheiro muito fácil e sem precisar trabalhar, ou muitas vezes até sem conhecimento. Não aceite essas soluções tão simples.

Já vi muitas pessoas caindo em golpes porque, no momento de desespero, precisando de dinheiro rápido para cobrir dívidas e sonhando com uma prosperidade rápida, acabaram por se endividar mais ainda e ficaram mais frustradas.

Vou contar um segredo para você: não existem atalhos para a prosperidade, e apesar de muitos livros prometerem isso de maneira simplista, essa é a grande verdade. Você precisa entender que existe um caminho a ser trilhado, e que isso é bom.

Sim, eu disse que ser difícil é bom. Já ouviu falar que a maioria dos ganhadores da Mega-Sena volta a ficar pobre? Isso não acontece por acaso, mas simplesmente porque não estavam preparados e acabaram com o dinheiro de maneira supérflua. Se você perguntar para um deles como gastou o dinheiro, tenho certeza de que nem se lembram de muitas coisas.

Quando você passa pelas etapas naturais da prosperidade, entende o processo e dá muito mais valor no que conquistou. Com isso, a possibilidade de perder fica muito menor.

Então você precisa entender e começar a agir. Amanhã nunca será melhor que hoje se você não tomar nenhuma atitude. E essa atitude muito provavelmente é sobre algo que você já está cansado de saber, e para vencer esse bloqueio, é preciso ser sincero consigo mesmo.

Por mais conhecimento que você tenha sobre finanças e planejamento financeiro, se você não colocar em prática, em nada adiantará. Então pare de adiar, pare de deixar para começar amanhã e faça, apenas faça.

4- O feito é melhor que o perfeito

Esse é um dos ensinamentos mais poderosos que já pratiquei. Muitas vezes, deixamos de progredir em algum aspecto da vida porque estamos tentando ser perfeitos, planejamos demais, esperamos o momento certo e até acreditamos que ainda não estamos preparados.

Vou te contar uma coisa muito importante, e gostaria que refletisse muito sobre isto, e que, sinceramente, isto mude suas atitudes a partir de agora. Você nunca estará 100% preparado. Nunca existirá um momento totalmente propício. Tire isso da sua cabeça e tenha atitude, analise o que precisa aprender e evoluir e comece a fazer. Isso sim mudará sua vida.

A partir de hoje, todas as vezes que você for iniciar uma ideia, um projeto, ou nas finanças aplicar algum dinheiro e surgir o bloqueio em sua mente de "ainda não estou preparado, não é o momento", você irá se lembrar da frase "o feito é melhor que o perfeito, pois não existe o perfeito".

É melhor fazer e errar, pois assim você terá aprendido algo, do que passar uma vida esperando o momento certo e não fazer nada. Pare de **PROCRASTINAR**.

Então, se você sabe que precisa guardar no mínimo 10% do seu salário, não deixe para começar no próximo mês. Não deixe os mesmos bloqueios te dominarem, "ainda não consigo", "este mês é impossível", "mês que vem eu começo e tudo será diferente". Você precisa começar AGORA.

Enquanto você não der um basta nisso, a cada dia sua prosperidade ficará mais longe. Pare de tentar ser perfeito, apenas faça o que precisa ser feito, coloque em prática os conhecimentos que já tem sobre finanças e faça disso uma constância. Não seja um empolgado que começa a academia hoje, depois já não vai todos os dias e após um mês já parou. Faça um pouco todos os dias, pois só assim você atingirá a tão sonhada **prosperidade**.

O que você não entende é que, na maioria das vezes, esses bloqueios e crenças, como o medo e a sensação de incapacidade, são desenvolvidos na infância. Seu cérebro registrou essas informações como uma ameaça e você agora se protege delas.

Você precisa aprender a ressignificar esses bloqueios, transformar esses sentimentos em apenas uma experiência pela qual você passou e com a qual aprendeu e não deixar que isso se transforme em empecilho em sua vida.

Nas próximas páginas, irei ensinar a ressignificar esses traumas, bloqueios e crenças para que você pare de replicar essas atitudes erradas que te ensinaram, comece a escrever uma nova história e desenvolva a capacidade de atingir novos resultados.

Crenças limitantes: como ressignificar esses bloqueios?

Uma das principais estratégias para conseguir se livrar desse mal é a mudança da forma de pensar e agir sobre esses sentimentos ruins de incapacidade. E como fazer isso?

Através da ressignificação. Transformando esses traumas, bloqueios, crenças e experiências ruins em combustível para atingir o sucesso.

Por exemplo: imagine que você era criança e escutou muitas vezes seu pai dizer que pobre nunca tem dinheiro, que não tem sorte, que alegria de pobre dura pouco. Mesmo sem perceber, isso se transforma em uma crença limitante, e agora adulto, essa informação ficou gravada em seu cérebro. Então, quando você tem uma grande oportunidade de crescer, de empreender ou de ganhar muito dinheiro, no primeiro obstáculo que aparece, desiste. No fundo, seu cérebro dá o seguinte comando: "eu não sou capaz, pobre nunca terá dinheiro, eu não tenho sorte, será que vale a pena arriscar?".

E para ressignificar esses sentimentos, você deve transformar essas informações em motivação. Seguem abaixo alguns exemplos de como ressignificar:

- A maioria dos milionários, ou pessoas de sucesso que eu conheço, começou de baixo e era pobre;

- Sorte não existe. Sorte é quando uma grande oportunidade se encontra com uma pessoa preparada;
- Então, vou me preparar muito, porque quando surgirem oportunidades, estarei pronto para agarrá-las;
- Alegria não dura pouco. Quando amo o que faço, eu não sofro e sempre estou feliz. Então, minha alegria é permanente (apenas em alguns momentos não sou feliz — quando perco um ente querido, fico enlutado e triste, então o que dura pouco é a tristeza).

Faça uma lista dos seus principais bloqueios e crenças e tente ressignificá-los, transformando-os em combustível.

Perca o medo de errar. Essa é uma crença que a maioria das pessoas tem, e na maioria dos processos de evolução, errar é até importante. Aprenda que, no seu processo de busca de prosperidade, você irá errar inúmeras vezes, e isso é normal. Toda vez que você errar, não pare, não se lamente. Pelo contrário, sorria e diga para si mesmo: "aprendi mais essa". Sempre que errar quando estiver aprendendo algo novo (e é normal errar muito no início de qualquer coisa), diga para si: "mais um curso para meu currículo".

Sim, considere erros como cursos. Eles servem para refletir sobre o que deu errado, no que melhorar se faltou conhecimento em alguma área e como fazer melhor nas próximas vezes. Ou seja, transforme esse erro em combustível. É por isso que sempre digo para as pessoas que sempre agradeço a Deus pela oportunidade de errar e muitos me chamam de louco.

Outro problema sobre o qual devemos nos policiar é o vitimismo, pois a vítima morre de medo de errar. Vejo pessoas colocando a culpa em tudo, em outras pessoas, no governo, na crise, tudo é culpado, menos ele mesmo.

Seja autor da sua própria história. Ninguém irá viver por você, então ninguém será responsável por nenhum ato seu. Você é responsável pelos seus atos, então se você não está tendo uma vida financeira equilibrada, sem dívidas, se não tem reservas, se sua independência financeira está longe de ser uma realidade, não culpe ninguém, pois você é o culpado. Mas tenho uma notícia boa: só depende de você mesmo mudar esse cenário.

Outra dica importante: pare de tentar fazer as coisas perfeitas. O perfeccionismo é a maior desculpa que eu vejo as pessoas usarem, e na verdade ele não existe. Ser perfeito é quando você consegue executar seu plano para atingir seu propósito, mesmo com todas as dificuldades e erros que possam existir.

Em uma de suas obras, Pablo Marçal diz que improdutividade é pobreza, e que ser produtivo é ser rico. Eu concordo plenamente com isso. Pessoas improdutivas nunca serão prósperas, porque arrumam desculpas sempre.

As pessoas sempre têm uma resposta pronta quando pergunto por que não estão fazendo aquilo que é seu sonho. "Porque não consigo", "porque está em crise", "porque não é momento". Isso tudo são crenças limitantes, são mentiras que contamos para nós mesmos. Então, a partir de hoje, você irá fazer um compromisso consigo mesmo na tarefa abaixo.

Escreva seus sonhos, projetos, atividades e tudo que sempre quis fazer e que sabe que irá te ajudar a prosperar e ser mais feliz, mas que você sempre adia. Observação: coloque um prazo e faça um pouco todos os dias, haja o que houver, e não tenha medo de errar. Lembre que errar faz parte do processo e que ninguém é perfeito.

Alguns exemplos de projetos que você pode fazer neste exercício: academia três vezes por semana, colocar seus gastos em planilha diariamente, fazer um curso ou estudar algo de sua área profissional que te ajudará a evoluir.

Meu objetivo neste momento é te ensinar a colocar em prática e executar. Então, coloque pequenos sonhos e projetos que sejam fáceis de executar e que dependam exclusivamente da sua disciplina em começar e não parar.

Você está satisfeito com sua vida financeira?

Sonho / Projeto	Etapas (o que devo fazer)	Quando vou fazer (definir um período, ex. todo dia pela manhã)	Meta a ser atingida	Até quando
Exemplo: Fazer academia	Matrícula Definir horários e dias de ir	Segunda às 6 horas Quarta às 6 horas Sexta às 6 horas	Perder 10 kg	3 meses
Lançar todos os meus gastos em planilha	Baixar uma planilha para meu computador Separar os gastos cotidianos Definir um horário para lançar todos os dias	Segunda às 18 horas Terça às 18 horas Quarta às 18 horas Quinta às 18 horas Sexta às 18 horas	Entender exatamente para onde está indo meu dinheiro	12 meses

Juliezer Sousa

Capítulo 3
Atitudes geram prosperidade

A maior parte dos resultados que não atingimos está em nossa falta de atitude, em não fazer. Conforme já foi explanado no capítulo anterior, nossas crenças e bloqueios funcionam como correntes que colocaram em nossos pés e que nos impedem de ter a atitude necessária para agir.

"Eu não consigo fazer isso", "eu não posso", "eu não dou conta", "ninguém na minha família fez", "como vou conseguir fazer?", "como alguém sem dinheiro vai conseguir fazer isso?" — tudo isso tem que ser deixado para trás. A ordem agora é "eu consigo", "eu posso, eu devo fazer e principalmente, vou fazer, vou ter atitude".

Neste capítulo, irei ensinar a desbloquear a sua mente com atitudes que impressionarão ao mostrar como você é capaz e te encorajarei a agir e correr atrás dos seus sonhos e parar de procrastinar.

A mudança depende de você

Esta é a melhor notícia que alguém poderia te dar na vida. A MUDANÇA NÃO DEPENDE DE NINGUÉM, apenas de você. Estou te convidando para uma mudança em sua vida, para tomar as suas rédeas. Agora você já começou a entender o que é prosperidade e que você tem todo o poder para atingi-la, sem desculpas, sem vitimismo. Agora é hora de colocar esses projetos em prática.

Acredite de verdade em si e em seu potencial. Não fique pensando muito — não deixe suas crenças e bloqueios mais uma vez te impedirem de agir. Comece agora, tenha atitude. Estou te convidando para uma nova vida, uma na qual você irá fazer todo dia um pouquinho para atingir um grande resultado.

Acho engraçado que já ouvi muitos desanimados me falarem: "e você acha que vou atingir meus objetivos, que realizarei meus sonhos, fazendo todo dia um pouquinho?". A resposta que dou é a seguinte: "e você acha que ao ficar parado, sem fazer nada, vai atingir algum resultado?".

Imagine que uma tartaruga vai disputar uma corrida com um leopardo. Porém, quando os portões se abrem, o leopardo se deita e diz "vou dormir. Quando acordar, eu corro e ganho facilmente, pois a tartaruga é muito lenta". Já a tartaruga começa sua jornada, mesmo com todo seu esforço e dificuldade em se locomover. Quando o leopardo acorda, a tartaruga já chegou há muito tempo, e então ele se dá conta de que dormiu muito.

Moral da história: você é esse leopardo. Tem muito potencial, porém quer sempre deixar para amanhã, quer sempre descansar um pouco mais. E o pior: está perdendo muitas corridas na sua vida para tartarugas com atitude. Sim, há gente com menos recursos, menos dinheiro, menos conhecimento e que está prosperando na vida com todas as dificuldades que tem para se locomover, por possuir uma coisa: ATITUDE.

Durma com ideias e acorde com atitudes

Os sonhos são os maiores problemas das pessoas, pois quem vive apenas sonhando e não coloca nada em prática, vive frustrado e não consegue prosperar. Já vi pessoas dizendo que jogam na Mega-Sena há mais de 30 anos, e é sempre a mesma história: "uma hora eu ganho".

Pare de sonhar e comece a agir. Sua felicidade, sua prosperidade, seu sucesso não podem ser definidos pela sorte. Se fosse assim, apenas pessoas sortudas seriam prósperas. Eu não acredito em sorte — não é que não exista, pois existe sim — o problema é que ela é muito improvável, e meus sonhos e objetivos não podem depender exclusivamente dela.

A probabilidade de uma pessoa ganhar na Mega-Sena é de 1 em 50 milhões aproximadamente. A probabilidade de prosperar na vida com suas próprias pernas e atitudes é infinitamente maior. É por isso que sempre digo que não acredito em sorte, ou melhor, que não vou depender dela para ser próspero. Não vou deixar o acaso me paralisar como paralisa muitas pessoas.

Imagine a si mesmo, aos 70 anos de idade, sentado na varanda de sua casa. Você olha para trás e vê toda a sua trajetória. Eu te pergunto: o que será melhor? Ver muitas atitudes, muitos erros e acertos, mas sempre em busca de sua prosperidade, ou ver uma pessoa parada, que observou a vida passar sempre com medo, medo de errar, de não dar certo e por aí vai?

Por isso meu convite para você neste momento é que você durma a próxima noite com todas as ideias e sonhos que já teve e acorde amanhã bem cedo com atitudes que possam melhorar sua vida. Pare de ficar apenas sonhando e comece sua corrida de tartaruga.

É claro que os resultados não irão aparecer imediatamente, pois ninguém atinge resultados longínquos para uma vida dessa forma. Então, planeje objetivos grandes para começar a atingir resultados daqui a 5 anos ou mais. Não pense muito em como será difícil ou que é impossível neste momento. O que importa é que você precisa agir a partir de hoje.

Impactos de suas atitudes em seus resultados

Os impactos de suas atitudes irão te impressionar. Minha proposta é a seguinte: amanhã, você irá acordar pelo menos duas horas antes do normal. Primeiramente, você irá planejar e mentalizar todos esses sonhos, e irei te ajudar a transformá-los em objetivos com plano de ação e divididos em pequenas metas para que você aja.

O único sonho que eu conheço que já vem pronto é o que se vende na padaria. Para conquistar todos os outros, você deve correr atrás e lutar muito. E isso não é ruim — pelo contrário, faz com que seja mais saborosa a vitória, pois quando você conquista algo que planejou e lutou muito para atingir, o sabor da conquista é inexplicável.

Lembro-me com muita alegria de cada sonho que atingi na minha vida e de como foi bom comemorar cada vitória. O primeiro carro, a primeira casa, a primeira palestra, o primeiro treinamento e este, que é meu primeiro livro. Essas conquistas nos deixam mais fortes e se transformam em motivação para conseguir muito mais.

Então vamos praticar. Como disse, amanhã, acorde pelo menos duas horas antes do normal. Pegue um papel, caneta ou computador e escreva seus sonhos. No link abaixo, estará disponível uma ferramenta chamada 5w2h. O objetivo é que você desmembre esse sonho e o transforme em um objetivo.

www.juliezersousa.com.br/donwloads

O que isso significa? Sonhos são coisas que ficam na imaginação e nunca saem dos pensamentos. Assim, meu convite é que você pegue esses sonhos e transforme em objetivos e metas que terá que alcançar nos próximos anos. Então, o primeiro passo é colocar isso no papel e definir os próximos passos.

Imagine que você queira comprar uma casa —esse é o seu sonho. Pois bem, defina pelo menos cinco etapas que te ajudarão a atingir esse sonho, como no exemplo abaixo.

✓ Pesquisar qual é o valor de uma casa no padrão que quer;

✓ Definir como comprar essa casa, à vista ou a prazo;

   ▪ Se for à vista, calcular quanto tem que guardar por mês nos próximos anos;

   ▪ E se for a prazo, quanto tem que guardar por mês para a entrada;

✓ Dividir esse objetivo com as pessoas com quem convive. Eles também irão usufruir dos resultados, e se todos comprarem a ideia, ficará ainda mais fácil.

✓ Decidir como aplicará os recursos que economizará mensalmente, pois essa aplicação irá render.

✓ Por fim, monitorar as oportunidades que irão surgir a partir desse momento. Ou seja, avise corretores, passe em locais que tenham casa para vender, avise amigos. Eu sei que você está pensando que ainda está longe, que está só começando, porém você precisa conhecer casas, modelos e, principalmente, oportunidades de negócio. Dessa forma, quando tiver o recurso, estará muito preparado, pois terá visto dezenas de casas.

Seja rico, descubra seu propósito de vida

Essa é a atitude que mais irá impactar sua vida. Achar o propósito de vida é descobrir para que você está vivo, por que Deus te mandou nesta terra. Eu sempre digo que nós nascemos duas vezes: a primeira é quando sua mãe te traz ao mundo, a segunda é quando você descobre por que veio a ele.

Não existe uma regra nem idade definida para você descobrir seu propósito. Mark Zuckerberg era criança e já sabia o seu propósito. Se você assistir ao filme "A Rede Social", que conta a história da criação e expansão do Facebook, perceberá facilmente como ele estava focado e sabia o que queria atingir. Não tinha plano B, não tinha outras possibilidades. Sabe por que ele estava tão convicto? Simplesmente porque ele entendera que aquele projeto (Facebook) estava conectado com seu propósito de vida.

Então o que ele queria era ter o Facebook e ficar muito rico? Não, o propósito de vida dele era utilizar sua capacidade e conhecimento tecnológico para conectar pessoas e gerar novas possibilidades de conexões entre elas. E como eu sei disso? É simples, é só verificar até hoje todos os seus negócios, WhatsApp, Instagram, Facebook. Veja que alguns desses negócios nem dão rendimentos financeiros diretamente para ele, como é o caso do WhatsApp.

O que estou dizendo é que descobrir seu propósito é descobrir o que te motiva, o que te faz acordar todos os dias com um sorriso no rosto, e não trabalhar. Digo isso porque geralmente a palavra trabalho está ligada a sentimentos de obrigação, e não de prazer. É como se você acordasse todos os dias cedo e fosse para qualquer lugar em que você se sinta bem, no qual você sinta prazer por estar.

O propósito é isso, é encontrar algo que você faça com tanto prazer que faria até de graça, e nunca iria considerar isso uma obrigação. O dinheiro se torna uma consequência natural. Quando criou o Facebook, Zuckerberg investiu nele por meses e meses sem ter nenhum resultado, até aquele projeto ficar tão grande que muitas pessoas estavam loucas para comprar e para investir nele. Ou seja, o resultado foi uma consequência natural.

Quando te digo para acordar mais cedo, tirar projetos da gaveta, estudar mais para desenvolver habilidades que precisa adquirir para atingir determinados resultados, entenda que você primeiro precisa descobrir o seu "porquê", seu propósito. Se fizer isso com algo que te motiva muito, que te dá muito prazer, você não irá sofrer para fazer esse esforço, pelo contrário, fará com prazer.

Demorei mais de 30 anos para descobrir meu propósito, e quando descobri, foi muito libertador. Percebi que a maioria das pessoas tem dificuldade com finanças, em analisar números, criar metas e objetivos, tanto pessoalmente quanto no meio empresarial, principalmente o pequeno e médio empresário. Para a maioria das pessoas, isso é uma coisa chata, mas todos sabem de sua importância, e precisam aprender.

E eu simplesmente amo isto, analisar números, ajudar pessoas a entender seus resultados, seus bloqueios, suas crenças, parar com o consumismo e ir em busca de seus sonhos com metas e objetivos claros, tudo isso com uma vida financeira equilibrada.

Então percebi, que quando falava com as pessoas sobre esse assunto, gostavam muito dos meus conselhos, principalmente porque eu era um exemplo para elas, pois pratiquei isso naturalmente na minha vida. O mais legal é que descobri que as pessoas até pagavam para aprender essas habilidades comigo, e isso é incrível, pois o faço por prazer e o dinheiro se torna uma consequência natural.

Tenho um amigo chamado Adelson Gomes que é palestrante e Life Coach. Ele ministra palestras há muitos anos em empresas, nas igrejas e em diversos locais. Ele nunca havia cobrado pelas palestras dele, que eram tão empolgantes e profundas. De repente, as empresas começaram a pagá-lo, mesmo ele sem graça de receber, e sua agenda foi ficando tão cheia que aquela brincadeira virou sua renda principal.

Em uma conversa com ele algum tempo atrás, eu perguntei o que achava de ganhar dinheiro com suas palestras ou orientando pessoas, falando de família, de espiritualidade, de conhecimento espiritual. E ele me disse, rindo: "até hoje não acredito que as pessoas me pagam para fazer isso. Na verdade, eu faço por prazer, eu nasci para isso, e é por isso que eu quero sempre estudar mais, aprender mais. Para que eu possa ajudar mais pessoas a se conectar com Deus e aprender a dar valor ao bem mais precioso de qualquer ser humano: sua família".

E o mais interessante é que ele falava com um brilho nos olhos e com tanto amor que isso simplesmente encanta e fascina qualquer pessoa. Sempre que nos encontramos para bater um papo, mesmo que seja rápido, esse bate-papo nunca dura menos de algumas horas, porque nos empolgamos tanto em trocar experiências que o tempo simplesmente voa.

E é isso que quero te ajudar a descobrir. Se você já sabe seu propósito de vida, estou te encorajando a parar outras atividades que com certeza nem gosta de fazer e a concentrar suas energias nisso. Agora, se ainda não nasceu pela segunda vez, quero te ajudar a descobrir esse caminho, que é simplesmente fantástico.

O segredo para descobrir seu propósito é o autoconhecimento. Você precisa se conhecer melhor, precisa entender seus mecanismos mentais, seus gostos, sua essência. É necessário conhecer seu próprio perfil e entender sobre sua personalidade e habilidades naturais. No link abaixo, você encontrará uma ferramenta que irá te ajudar a se entender melhor: **www.juliezersousa.com.br/donwloads**

Outra maneira poderosa de ajudar a desenvolver autoconhecimento e conhecer seu propósito de vida é o Ikigai. Tive a oportunidade de conhecer essa ferramenta que me ajudou muito, e convido a pesquisar e conhecê-la também, ela poderá fazer o mesmo por você.

É obvio que não é tão simples descobrir seu propósito de vida, e nem é meu objetivo nesta obra aprofundar nessa área. Esse tema é para um novo livro, de tantas informações e conhecimentos que teria para apresentar e discutir. Contudo, quero que esse sentimento desperte em você.

Em resumo, quero que você descubra o que te faz feliz, o que você gosta de fazer de verdade, o que faz seus olhos brilharem instantaneamente. E não pense que você não gosta de nada tanto assim ou que não tem dom, pois todos nós temos. Você apenas não descobriu qual é o seu ainda. Quando eu digo "seja rico, descubra seu propósito", é porque, quando você vive com felicidade e faz o que gosta, você já é rico, pois nosso principal objetivo na terra é sermos felizes.

E o mais engraçado de tudo isso é que, quando você está feliz e realiza seu trabalho, fazendo tudo com amor e não por obrigação, e coloca o dinheiro em segundo plano, ele começa a vir com naturalidade. É por isso que sempre oriento as pessoas a buscar seu propósito de vida.

A maioria das pessoas passa a vida buscando dinheiro a qualquer custo, inclusive trabalhando em locais e atividades de que não gosta para ganhar dinheiro. E essas pessoas simplesmente não conseguem ter prosperidade e felicidade na vida, justamente porque o processo para atingi-las é o contrário.

Primeiro, descubra o que te dá prazer, o que faz muito bem e, principalmente, o que mexe com sua alma e traz brilho aos seus olhos. Não se preocupe com dinheiro, apenas faça o melhor que consegue fazer com constância, todos os dias. Quando perceber, essa brincadeira começará a dar resultados que você nunca imaginou.

Estude e aprenda com pessoas de sucesso

Existe um ditado que diz "me diga com quem tu andas e te direi quem és", e é essa atitude que quero que entenda. Durante muito tempo, eu sofri com isso, por escutar pessoas que não tinham a capacidade de me orientar ou inspirar para atingir meus objetivos.

Não que essas pessoas quisessem meu mal. Pelo contrário, na maioria das vezes eram as que mais me amam na vida, como meus pais, parentes e amigos próximos. Não obstante, ninguém consegue orientar uma pessoa a ter um resultado extraordinário se ela também nunca o fez.

Geralmente, as pessoas dão orientações com exemplos das experiências que elas têm. Então, alguém que nunca teve uma empresa, ou que tem uma empresa e nunca conseguiu fazê-la prosperar, irá te orientar conforme suas experiências vividas. Na maioria das vezes, isso está ligado a bloqueios e experiências negativas que só te atrapalham a atingir resultados maiores e melhores.

Imagine que você tem dois amigos: um é funcionário de uma empresa e não gosta do seu trabalho, mas precisa do salário. Ele nunca teve sua empresa própria e acredita que não tem capacidade de tocar um negócio. Se você tiver um amigo desses, ao conversar com ele sobre empreender e abrir sua empresa, ele provavelmente irá te desanimar. Não por querer seu mal, mas porque, pelas experiências dele, isso é uma coisa muito difícil de fazer, quase impossível.

O segundo é um autônomo. Um profissional que tem sua empresa, mas não tem funcionários, pois não consegue criar processos e padrões para orientar essa equipe. Ele sempre trabalhou sozinho, e se você falar com ele, dirá que funcionários custam caro, que "roubam", e que ninguém consegue fazer com a qualidade que ele faz. No entanto, ele nunca vai crescer ou conseguir escalar seu negócio, pois sempre esbarrará na limitação humana da quantidade de trabalho que consegue fazer sozinho.

Volto a enfatizar que essas pessoas na maioria das vezes não querem o seu mal, elas apenas estão dividindo suas opiniões e experiências. Como as experiências não são boas, você fica com medo, e isso pode atrapalhar muito seu crescimento e seus objetivos de vida.

Ande com pessoas que tenham resultados extraordinários, que sejam sempre alegres e entusiastas no que fazem. Um grande amigo, que tenho a satisfação de chamar de irmão, tem a maior empresa de materiais elétricos e hidráulicos do interior de Goiás. Ele se chama Marcos, e todas as vezes que nos sentamos para conversar, eu saio da conversa uma pessoa melhor. Ele me inspira muito. É muito sereno e sempre vejo nele palavras de motivação e ideias para melhorar meus negócios, minhas empresas e minha vida.

Lembro que uma vez, em uma reunião com amigos em minha casa, começamos a conversar sobre empreendedorismo, negócios e diversos outros assuntos. Quando olhamos para o céu, o dia estava amanhecendo e nem vimos a noite passar. Ele sempre me motivou muito a investir nos meus negócios e crescer.

É isso que quero que entenda agora. Quem te aconselha? Quais são seus amigos, familiares e pessoas mais próximas de você? E principalmente, quais resultados elas têm atingido? Ninguém pode aconselhar ou orientar uma pessoa a ter resultados extraordinários se nunca provou isso em sua própria vida.

Não que você deixará de amar e conviver com essas pessoas. Porém, elas não podem ser suas mentoras, suas inspirações, pois se forem, provavelmente você desistirá de muitos de seus sonhos e não terá prosperidade em sua vida.

Faça uma lista com as cinco pessoas com quem você mais convive e dê uma nota para elas de zero a dez. A média dessas cinco é a sua nota. Quando eu digo isso em meus treinamentos e palestras, há pessoas que quase choram e outras que morrem de rir. Isso porque elas convivem apenas com pessoas que nunca atingiram nenhum resultado extraordinário na vida.

E este é meu convite para você neste momento. Você irá listar cinco pessoas com resultados acima da média e tentará conviver com elas e ouvir seus conselhos. Ligue para elas, marque uma reunião, fale que você se inspira nelas. Faça perguntas sobre como conseguiram atingir aquele resultado, qual o segredo do sucesso, se acreditam que você tem potencial para também progredir na vida e ter resultados parecidos, mesmo que em área diferente.

Você irá se surpreender com as respostas e com as experiências que irá adquirir. Se conseguir fazer algumas amizades assim, terá ainda mais inspirações, pois pessoas assim não têm medo de que outras pessoas prosperem. Pelo contrário, quem tem resultados acima da média motiva, inspira e até ajuda outras pessoas a também atingir prosperidade.

Faça a lista das cinco pessoas com quem mais convive e descubra a sua nota. Depois, faça uma lista com cinco pessoas que te inspiram e que têm resultados extraordinários para que você possa procurá-las e trocar ideias e experiências.

Você está satisfeito com sua vida financeira?

5 pessoas com quem mais convivo	Nota

5 pessoas que me inspiram	Nota

Qualquer escolha é melhor que ficar parado

Existe uma regra para a prosperidade que é: "ser, fazer e depois ter". Se você sonha com resultados acima da média, mas apenas quer tê-los, provavelmente nunca os atingirá, justamente porque existe um caminho para ser percorrido. Esse caminho deve ser construído.

Você precisa ser o que quer. Precisa sonhar isso, precisa investir nisso. Um exemplo que uso muito para o assunto é o do consumismo: muitas pessoas compram e gastam todo o seu recurso para mostrar o que não são para outras pessoas. A consequência disso é que não atingem prosperidade, pois nunca vão possuir dinheiro para investir. Sempre terão coisas inúteis para comprar, pois precisam PARECER prósperas e ricas.

Minha querida esposa sempre me diz que eu não tenho vergonha de nada, e é a mais pura verdade. Posso estar de terno para uma reunião importante e no outro dia encontrar as mesmas pessoas em outro local de bermuda e chinelos, e irei cumprimentá-las da mesma forma, com um sorriso no rosto e com muita tranquilidade.

Isso porque eu sei quem sou e não finjo ser o que não sou. Se as pessoas gostarem de mim, é pelo que sou, e não pelo que pareço ser. Não tenho medo ou cisma alguma do que elas podem pensar, pois não serão meus trajes que irão mudar isso, mas sim minhas ATITUDES.

O segundo aspecto é o fazer. Atitudes geram resultados; pessoas acomodadas geram preguiça e mais preguiça. Eu amo pessoas que têm atitude. Prefiro mil vezes alguém que já quebrou a cara muitas vezes tentando acertar do que o medroso que não dá um passo na vida com medo de errar, e pior, na maioria das vezes tenta fazer com quem as pessoas ao seu redor também não tentem.

Essa é a principal atitude que precisa instalar em sua vida, "o fazer", "o tentar", "o arriscar". É claro que você não deve ser um louco para arriscar de qualquer maneira, mas não seja o medroso que nunca arriscou nada e passou a vida inteira trabalhando em um emprego que nunca gostou, mas nunca teve coragem para sair e tentar algo de que gosta de verdade.

Durante a leitura deste livro, já dei e irei dar muitas outras inspirações para você se transformar em uma pessoa extremamente próspera. Todas essas inspirações estão ligadas à arte de fazer, pois ATITUDE é o primeiro passo para o resultado.

O terceiro aspecto é consequência. Pois "ter resultados", ter bens, ter prosperidade, é resultado do ser e do fazer. Ninguém será próspero se não aprender a SER e FAZER, e é fácil confirmar essa minha afirmação.

Faça uma pesquisa. Quantas pessoas ganharam na Mega-Sena e não continuaram ricas, quantas pessoas receberam heranças milionárias e perderam tudo? Isso acontece justamente porque elas não se preocuparam em se desenvolver e atingir a capacidade de administrar aqueles recursos. Quando você é, você não precisa fingir e nem gastar para parecer, pois tem atitudes e se esforça para atingir resultados ainda melhores. Por isso "o ter" é só uma consequência para pessoas prósperas de verdade.

Faça uma lista de sonhos e projetos que quer realizar na sua vida.

Capítulo 4
Proatividade, a chave
para o sucesso

Neste capítulo, te ensinarei a se transformar em uma pessoa proativa. Agora que você já tomou conhecimento mais profundo sobre esse problema, vou ajudar a desenvolver um comportamento proativo em tudo na sua vida, pois a proatividade está entre as atitudes e habilidades mais importantes que você precisa desenvolver para atingir prosperidade e sucesso.

A falta de proatividade é uma das coisas que mais atrapalha a prosperidade. Há dois tipos de pessoas, a PROATIVA e a REATIVA. A proativa antecipa situações, quer resolver as questões antes que virem problemas; a reativa é aquela que espera tudo acontecer para tomar alguma atitude. Geralmente, a pessoa reativa vive correndo atrás, nunca está na frente, ou seja, nunca está preparada.

Se você observar à sua volta, facilmente reconhecerá as pessoas reativas e proativas. Os reativos geralmente são pessimistas e vivem colocando a culpa em alguém, o governo, a crise, o mercado, a esposa (o). Eles não entendem que são suas atitudes e sua falta de proatividade que não as deixam prosperar e ter sucesso, e não as outras pessoas. Enquanto isso, o proativo é feliz da vida, sempre animado, não vive reclamando e jamais coloca a culpa em alguém. Ele entende que é o autor de sua própria história e sabe que, se alguma coisa não deu certo, é ele quem precisa melhorar e trabalhar para transformar essa experiência em motivação, para que nas próximas vezes faça melhor e obtenha resultados melhores.

E é esse caminho, essa atitude que te convido a desenvolver. Se você já se considera uma pessoa proativa, ótimo, poderá amplificar isso para que melhore ainda mais sua capacidade de antecipar e se destacar entre os demais. Sim, eu disse destacar, pois pessoas proativas sempre se destacam em qualquer lugar.

Na igreja, o proativo sempre ajuda mais, sempre está aprendendo algo novo para poder ajudar em alguma coisa nova. Quando acontece algum problema, geralmente chamamos alguma pessoa que é proativa, porque sabemos que, mesmo se não souber como arrumar, ele vai atrás com todas as suas forças e tenta resolver o problema.

Dei esse exemplo da igreja, da comunidade, para que comece a desenvolver essa atitude. Mas aí você me pergunta, "como desenvolver a proatividade?". É simples: agindo. Comece a se candidatar em ONGs, igrejas, associações e tudo que fizer o bem para outras pessoas. Esteja sempre disposto a ajudar e fazer o serviço mais pesado que aparecer. Faça tudo isso com um sorriso no rosto e sem cobrar nada de ninguém, apenas lembre que está desenvolvendo uma das habilidades mais importantes para a sua prosperidade.

Não estou dizendo que isso é fácil, mas estou afirmando que é necessário. Pessoas reativas e que reclamam de tudo têm muito mais dificuldade de prosperar porque geralmente estão sentadas, esperando que alguém tome atitude e faça o trabalho. Algumas frases dos reativos são "esse trabalho não é meu", "deixe que ele resolva", "não vou fazer o trabalho dos outros, ele recebe para isso".

Desenvolver essa habilidade é difícil, pois na maioria das vezes as pessoas não conseguem entender que não estão trabalhando de graça, não estão apenas fazendo o bem para as outras pessoas. Na verdade, estão fazendo o bem para si mesmas.

Pessoas proativas são lembradas facilmente nos lugares. São mais populares, não porque conversam mais, mas sim porque são mais produtivas, estão sempre dispostas a ajudar e fazer o bem. Pode observar em seu trabalho e você rapidamente identificará esse perfil. E quando surgem oportunidades de crescimento no trabalho, adivinha quem são os primeiros a ser lembrados?

Sim, são sempre os proativos. E sabe por quê? Porque quando você está disposto a ajudar e a resolver os problemas, desenvolve naturalmente um espírito de liderança — e é isso o que toda empresa busca. Ninguém quer um chefe mandão, que não coloca a mão em nada para ajudar e que sempre deposita a culpa nos outros. Um líder deve ser uma pessoa alegre e disposta a ajudar.

Um dos segredos mais importantes para a prosperidade é aprender a ser útil para os outros, mas de coração aberto, sem cobranças. Uma coisa que a maioria das pessoas não entende é que não se é pago apenas para fazer suas rotinas onde trabalha, se é pago para resolver problemas. Independentemente de quais sejam esses problemas, se entender que é pago para resolvê-los, você terá outra postura quando eles surgirem. Sua postura será: "vou resolver agora, pois meu papel aqui é resolver todos os problemas que surgirem e não apenas fazer o meu trabalho".

Se você entender e se esforçar para isso, já terá dado um grande passo para se tornar uma pessoa proativa.

Em resumo, a proatividade se conquista ao desenvolver novos hábitos e gerar novos conhecimentos, para que seu cérebro automaticamente encontre caminhos diferentes e transforme suas atitudes, até que você comece a ter resultados diferentes. Seguem abaixo dez comportamentos que você precisa desenvolver para se tornar uma pessoa proativa e mais próspera.

1. Autoconhecimento – se conheça;
2. Empenho – seja dedicado em tudo o que for fazer;
3. Foco – mantenha a direção;
4. Planejamento – aprenda a organizar e estruturar suas ideias e projetos;
5. Antecipação – não espere as coisas acontecerem para reagir;
6. Rede de contatos – quem são suas influências;
7. Quem dá o primeiro passo sempre estará na frente;
8. Descubra seu propósito – o que te move naturalmente;
9. Atitudes geram prosperidade – desenvolva essas habilidades até que se tornem naturais para você;
10. Seja um eterno aprendiz – tenha humildade para aprender algo novo sempre.

Tarefa: faça uma lista com duas pessoas que você conhece que são reativas e mais duas pessoas que são proativas. Preste atenção nessas pessoas no próximo mês, em quais são suas decisões e, quando elas conversarem com você sobre problemas, qual é a principal lição que elas sempre deixam (positivas ou negativas). Esse exercício vai clarificar muito a sua mente e te mostrará como é importante andar com pessoas positivas e se transformar em uma delas.

Pessoas do meu convívio	Positivas / Negativas

Capítulo 5
Os tipos de renda
e como tê-las

Neste capítulo, você irá aprender sobre os tipos de renda em sua essência, como ter mais de uma renda e por que é tão importante ter mais de uma. Descobrirá que, com essas informações, sua capacidade de ganhar mais dinheiro aumentará significativamente, e que essa ATITUDE será como tirar uma venda dos seus olhos.

Acredito que esse seja o problema de muitas pessoas, pois quem não entende sobre renda e nunca estudou sobre elas, sempre trabalhou simplesmente pelo salário e nunca teve a proatividade de tentar melhorar.

Com esses conceitos e essa nova percepção, você irá planejar melhor sua carreira e sua vida financeira e aumentará sua renda significativamente.

Os tipos de renda são: SALÁRIO, RENDA EXTRA, LUCRO, PATRIMÔNIO e RENDA PASSIVA. Irei explicar o que é cada uma delas e como aumentá-las, para que você eleve e explore seu potencial para ter inúmeras rendas, compreenda por que é tão importante ter mais de uma e, principalmente, entenda como tê-las e como cada tipo impacta sua prosperidade.

Salário

Salários são considerados as recompensas atribuídas aos empregados em retorno a serviços prestados ao empregador, em quantia suficiente para satisfazer as necessidades próprias e da família.

Agora a pergunta que faço é: você está satisfeito com o salário que ganha? Consegue satisfazer todas as necessidades que sonhou e planeja para sua família? Se a resposta for sim, parabéns, pois está no caminho, porém ainda tenho dicas valiosas nos próximos tópicos. Agora, se sua resposta for não, a grande questão é entender o que você faz, qual seu trabalho, como crescer nele planejando sua carreira e, principalmente, avaliar a empresa onde está trabalhando.

Essa empresa valoriza seus funcionários? Eles são premiados financeiramente quando atingem resultados acima da média? Há formas de remuneração variável, ou seja, pagamentos por produtividade? Se a resposta for sim, ótimo, ensinarei vários passos para crescer nessa empresa e aumentar sua renda.

Todavia, se a resposta for não, é bom rever e repensar sobre esse emprego.

Esse é o primeiro grande segredo que as pessoas nunca orientam. Eu sei que você precisa trabalhar, sei que todos precisam de renda e muitas vezes o salário é a única fonte do momento. Porém, é necessário abrir e visualizar seu leque de possibilidades. Há inúmeras empresas e postos de trabalho, e se você está em uma que não oferece condições de crescimento e melhoria financeira, está perdendo seu tempo e nunca irá crescer lá.

Mas então, o que fazer? Primeiro, estudar mais sobre sua área de atuação. Neste momento, volto a falar de atitudes. Sim, atitudes — independentemente da área em que atue; se é formado, pós-graduado ou tenha uma profissão que não exija formação superior, apenas conhecimento técnico; você precisa estudar e evoluir se quiser progredir.

Darei alguns exemplos práticos para entender melhor. Se você é gerente ou diretor de uma empresa, nem preciso me aprofundar muito, pois já sabe que um líder que não se atualiza a todo momento sobre técnicas de liderança e conhecimento técnico na sua área de atuação não fica muito tempo no mercado.

Mas há as profissões e funções que exigem apenas formação técnica ou experiência prática, como faxineiro, açougueiro, repositor de mercadorias, auxiliar de escritório, cozinheiro, padeiro, entre tantas outras. Essas profissões geralmente são realizadas por pessoas que aprenderam na prática, fazendo no dia a dia, e esse é o seu maior defeito. Não é porque você aprendeu na prática que não precisa estudar e evoluir em sua profissão.

Contarei uma história que conto muito em minhas palestras. Certa vez, uma empresa contratou um padeiro com pouca experiência para ajudar o padeiro da empresa, que estava muito sobrecarregado. Ele reclamava muito que o trabalho estava muito pesado, seu salário estava muito baixo, seus auxiliares nunca aprendiam nada e ele sempre tinha que fazer tudo quase sozinho.

Quando o novo padeiro chegou, o outro se sentiu ameaçado e fez de tudo para que ele não ficasse, pois aquele novo profissional da área estava ameaçando sua função e autoridade na empresa. O novo padeiro, por sinal muito humilde, se colocou na função de servidor e não tentou desafiar o padeiro antigo, que estava na empresa há mais tempo. Trabalhava praticamente como um auxiliar, obedecia ordens e não "batia de frente" com as ideias do seu colega de trabalho, mesmo que tivesse novas ideias.

A diferença é que o padeiro novo tinha muita simpatia e empatia pelas pessoas, era carismático e estudava tudo sobre panificação, novos produtos, novas formas de fazer, novos ingredientes. Aos poucos, todos foram percebendo, naturalmente, que ele tinha muita capacidade.

Foi um processo natural ele assumir a função de liderança e passar a ganhar mais que o padeiro antigo, que por sua vez, chamava a empresa de injusta e ingrata, pois ele tinha anos de serviços prestados e nunca ganhara o aumento de salário tão solicitado, enquanto o "novato" o conseguiu com apenas alguns meses.

A moral dessa história é que empresa nenhuma dá aumento salarial para agradecer anos de serviços prestados. Você precisa entender que é um processo de merecimento — bons profissionais de qualquer área ganham mais por sua competência, e não por tempo de trabalho. As empresas pagam mais para quem se esforça e se dedica mais, e não para quem está lá há muito tempo.

Tenho uma dica infalível para ter um bom aumento de salário. Seja proativo. Sim, se você já leu o capítulo sobre esse assunto, já entende minhas dicas de como se tornar uma pessoa proativa. Faça isso, comece a se dedicar mais e estude muito sobre sua profissão e sobre liderança. Procure seu superior ou o RH da empresa e diga que está mudando seus hábitos, que está estudando muito sobre sua profissão e sobre liderança e diga que, se surgir uma vaga, você está interessado.

Depois disso, comece a colocar em prática sua proatividade, alinhada às novas ideias que está aprendendo com seus estudos. Se você é um açougueiro, pode aprender novos cortes, novos produtos que irão agregar à empresa em que trabalha; se é um auxiliar de escritório, pode conhecer mais sobre Excel, Word, formas de documentos, tipos de arquivos mais eficientes. Não importa o que você faz, sempre poderá aprender mais sobre essa área e fazer melhor.

Renda extra

Conheço muitas pessoas que dizem que sua renda está baixa, que seus ganhos não estão dando, mas que não procuram alternativas. Meu objetivo neste momento é explicar por que isso acontece, e inspirar a ter mais de uma renda, por vários motivos.

Primeiro porque ter mais de uma renda é uma das premissas básicas para atingir prosperidade na vida. Quando depende exclusivamente de apenas uma fonte de renda, você pode ser surpreendido por uma crise, por uma nova gestão da empresa, ou se é um empresário pelo mercado, concorrentes novos, etc.

Então, ter mais de uma fonte de renda é uma forma de garantia, pois se uma variar ou acabar, a outra ajudará. Outro aspecto importante de ter mais de uma fonte de renda é que, se você não consegue guardar um pouco todo mês para ter sua "reserva da paz" (esse assunto será tratado em um próximo capítulo), a renda extra pode ser a possibilidade de montar e ter suas reservas e investimentos.

Quando digo que todos nós devemos ter mais de uma renda e não depender exclusivamente de uma, escuto muitas pessoas darem desculpas. Como por exemplo, "não tenho tempo", "não sei fazer nada diferente", "não consigo", "estou muito cansado do meu trabalho", "não tenho ninguém que me ajuda", "tenho que cuidar dos meus filhos", etc.

Eu nunca disse e nem direi que é fácil. Eu digo que é possível. Existem hoje diversas oportunidades de renda extra e que muitas vezes se tornam a renda principal de uma pessoa; produtos que podem ser vendidos, como cosméticos, como perfumes; produtos que podem ser fabricados, como bombons, bolos, doces; existem formas de renda extra pela internet; são tantas que eu poderia citar inúmeras em diversas páginas.

A dica é fazer algo que gosta e transformar em renda extra. Por exemplo, se você toca violão, dê aulas para alguém; se sabe fazer sua própria maquiagem, poderá maquiar outras pessoas; se você cozinha bem poderá ensinar outras pessoas. Seja criativo e não deixe as desculpas tomarem conta de você. Garanto que neste momento há pessoas fazendo, enquanto outras estão dando desculpas.

Ajuste seus horários, ache uma brecha em sua agenda. Só depende de você, e mais ninguém. Entenda que ter mais de uma renda vai te ajudar muito a resolver problemas financeiros, ou poderá ser uma alavanca para sua prosperidade, pois irá conseguir aumentar seus recursos investidos.

É importante entender que não adianta ter rendas extras e ganhar mais dinheiro se gastar tudo o que está ganhando a mais. Várias pessoas fazem um esforço extremo para aumentar sua renda e começam a gastar mais. Seu esforço não pode ser para que gaste mais com consumismo, pois assim irá cansar de se esforçar e não ver os resultados.

A estratégia é ganhar mais para acabar com dívidas e para ter reservas e investimentos em prol de sua prosperidade financeira. Ganhar dinheiro para gastar mais com as mesmas coisas é inútil e leva ao ciclo vicioso do consumismo. Tenha um propósito, um objetivo para esse novo recurso.

Patrimônio

Patrimônio na contabilidade é o conjunto de bens, direitos e obrigações de uma empresa ou pessoa física. Ou seja, o conceito engloba tanto o que possui como também as dívidas. Ter patrimônio é ter bens duráveis que se valorizam com o tempo ou geram rendas passivas.

Alguns exemplos são imóveis, investimentos em empresas e aplicações financeiras. O que você precisa separar neste momento é patrimônio positivo do negativo.

Patrimônios positivos são bens que valorizam com o tempo, ou que deixam de ter despesas, ou geram rendas. Por exemplo, se você mora de aluguel e compra sua casa própria, deixará de ter uma despesa mensal. Se compra uma segunda casa e recebe o aluguel, terá uma segunda renda.

Vários especialistas em finanças dizem que ter a casa própria, investir tanto dinheiro em um imóvel, não é um bom negócio, pois esse capital poderia render muito mais em outras formas de investimentos. No entanto, se não tem ideia do que fazer com esse dinheiro e não quer arriscar, a casa própria pode ser uma segurança para você e sua família.

O que é importante entender é que é necessário separar investimentos de despesas. Um carro nunca foi e nunca será um investimento, por exemplo. Se comprar um carro por R$50.000,00, ele vai se desvalorizar pelo uso; se financiar uma parte dele, irá pagar juros desse financiamento e ainda terá despesas com manutenção e gasolina. Então, ao final de apenas um ano, o carro não valerá mais os R$50.000,00 que pagou, e mesmo pagando várias parcelas, ainda vai dever mais do que o valor que financiou, devido aos juros.

Portanto, entenda que, carro, assim como outros bens de consumo, é necessário para o dia a dia e para o conforto de sua família. Porém, nunca foi e nunca será um investimento. Quanto mais você "investe" nesses bens de consumo, menos dinheiro terá, pois além da desvalorização do veículo e dos juros que pagará, ainda terá despesas mensais.

Um bem de consumo só se transforma em um investimento quando é utilizado para desenvolver trabalhos e atividades que geram renda. Se comprar o carro, utilizá-lo para trabalhar e isso gerar renda, aí sim terá esse carro como um investimento, pois ele vai pagar todas as despesas que gerar e ainda criará lucros.

Faça uma lista dos seus bens e separe entre bens de consumo e investimentos. Esse exercício ajudará muito a mudar seus hábitos e escolher melhor o que comprar quando for definir seus objetivos e metas.

Você está satisfeito com sua vida financeira?

Meus bens de consumo		
Bem de consumo	Valor investido	Resultado / despesa mensal
Carro X	R$ 25.000,00	Despesa – R$ 1.000,00

Meus investimentos		
Investimentos	Valor investido	Resultado mensal

Renda passiva

A renda passiva você irá adquirir com o passar do tempo. Ela é sua capacidade de transformar investimentos em retornos financeiros. A renda passiva é composta de bens, investimentos, patrimônio, tudo que adquirir e der retorno financeiro sem precisar do seu esforço de trabalho.

Você pode aprender a operar investimentos na bolsa de valores e ter retornos mensais, ter casas que podem ser alugadas mensalmente, sítios, fazendas, imóveis comerciais, etc.

A renda passiva é uma das rendas mais importantes para atingir a independência financeira e ter prosperidade na vida. Se observar pessoas prósperas ao seu redor e se tiver liberdade para conversar com elas, perceberá que elas têm rendas passivas, pois esses investimentos geram rendas todo mês ao invés de despesas.

É claro que, se você não tiver capital para investir neste momento, está pensando, "é fácil falar, mas não tenho dinheiro agora para comprar uma casa e alugar, por exemplo". Por isso digo que, geralmente, renda passiva se adquire com muita disciplina. Normalmente, formamos renda passiva do capital e de reservas que conseguimos guardar durante um período mais longo, um planejamento para 10 anos ou até mais.

O grande desafio é ter a disciplina para criar metas e trabalhá-las por um longo período sem desvios de conduta com seus sonhos. Veremos melhor sobre esse assunto no último capítulo.

Ter como meta conquistar rendas passivas vem da capacidade de transformar sua mentalidade para uma mentalidade próspera. É um dos segredos que as pessoas ricas e prósperas não costumam te contar, e vou clarear essa informação para você.

Geralmente, as pessoas gastam seu dinheiro adquirindo bens que geram mais despesas, e como consumistas, não têm a paciência de planejar a compra desses bens. Isso faz com que essa compra fique pior ainda, pois será parcelada e terá juros embutidos. Em resumo, você compra um bem que vale R$ 3.000,00, como um celular, e o parcela em 10 vezes. Esse celular só irá se depreciar e diminuir de valor, e quando terminar de pagar, ele não valerá nem a metade.

É claro que se deve considerar o contexto, pois se usar esse celular para trabalhar e os recursos que ele tem te proporcionarem renda, ele deixa de ser consumismo e passa a ser uma ferramenta de trabalho. Mas nós sabemos que não é isso o que acontece na maioria das vezes.

Agora vou contar como as pessoas prósperas pensam. Provavelmente está pensando: "mas as pessoas prósperas e ricas que eu conheço também andam com carros caros, têm celulares da última geração". Sim, elas têm, porém as formas de adquirir esses bens de consumo é que são diferentes.

Se você tiver vários bens passivos que geram renda mensal sem o seu trabalho, você irá comprar o celular com o lucro que a renda passiva te dará, e não com seu ganho mensal. Essa é a grande diferença, o grande segredo.

Primeiro, seu foco deve ser em conquistar renda passiva. Depois, os bens de consumo você irá adquirir com os lucros dela, e continuará com os bens e com a renda passiva mensalmente.

Entenda que, quanto mais renda passiva conquistar, mais perto de atingir sua independência financeira estará, pois se você tem uma vida que custa R$ 5.000,00 por mês e sua renda passiva gera esse valor, não precisará mais trabalhar o resto de sua vida para manter esse padrão de vida que você objetivou.

Faça uma lista de rendas passivas que você tem ou que queira adquirir na sua vida.

Reserva	Como será aplicada	Valor atual acumulado	Programação mensal
Da paz			
Projetos de vida			
Independência			
Prosperidade			
Outras reservas			

Lucro

Esse tipo de renda vem com investimentos em negócios. Está ligada à veia de empreendedorismo e sua capacidade de investir dinheiro em negócios e transformá-los em resultados. Lucros são resultados de investimentos, mas diferente das rendas passivas, precisam do seu esforço e trabalho para atingir resultados, que costumam ser maiores e melhores.

É claro que todo tipo de investimento tem riscos maiores. Contudo, é uma forma libertadora de atingir sua liberdade financeira, pois quando se aplica em empreendimentos, quanto mais esforço fizer e mais resultados atingir, mais lucro terá. Além disso, o lucro é seu, diferente do salário em um emprego que não te remunera proporcionalmente aos resultados que atinge.

Se você tem vontade de um dia abrir um negócio próprio, vou te encorajar mais ainda neste livro. Esse é um caminho árduo e complicado, porém é um atalho para a prosperidade, visto que, se acertar no investimento e o negócio prosperar, a possibilidade de atingir prosperidade financeira aumentará muito.

Juliezer Sousa

Capítulo 6
Tipos de reserva

Neste capítulo, falarei dos tipos de reserva e sua importância, por dois motivos relevantes. O primeiro é que essas reservas permitem que se viva em paz, sem grandes preocupações. O segundo é que elas geram foco nos objetivos de vida. Muitas vezes, os problemas ocorridos no percurso da vida nos afastam e tiram nosso foco de nossas metas, pois quando ocorrem, deixamos tudo para segundo plano, principalmente quando não estamos preparados financeiramente.

Irei explicar por que essas reservas devem ser as primeiras metas a serem alcançadas e o que é cada uma delas. Elas te darão paz, orgulho e tranquilidade para viver mais leve e tranquilo.

As reservas são uma forma organizada de planejar a vida, de antecipar acontecimentos que podem acontecer com todos nós. No entanto, a maioria das pessoas nunca parou para pensar sobre isso, e quando eles surgem, ficam desesperadas, pedem ajuda e falam como se fossem pessoas azaradas por ter acontecido tal fato.

É claro que todos nós podemos ser acometidos por doenças e problemas sérios e, portanto, precisar de ajuda. Porém o que estou dizendo é que, na maioria dos casos, você pode estar preparado e ter tranquilidade para sair do problema se tiver reservas para isso.

As reservas te tiram da escravidão, te dão liberdade para tomar suas decisões com a razão, e não com a necessidade. Na vida, existem oportunidades e emergências, e para ambas, é preciso estar preparado financeiramente.

Reserva da paz

A reserva da paz, para mim, é a mais importante de todas. Todas as pessoas, principalmente as que são casadas e têm filhos, devem se preparar mais ainda para a ter, visto que essa reserva é uma forma de amor e de tranquilizar a família nos momentos mais difíceis.

A reserva da paz geralmente é um investimento feito em longo prazo, porém que pode ser resgatado a qualquer momento para ajudar em momentos necessários. Ela é sua autoajuda nos momentos de dificuldade e necessidade, como por exemplo, acidentes, doenças e quaisquer outros problemas a que qualquer um de nós está sujeito.

O ideal é que essa reserva seja um valor de 6 meses de sua renda pessoal ou familiar; por exemplo, se você ganha R$2.000,00 por mês, essa reserva seria de R$12.000,00. Quando falo isso, a maioria das pessoas me diz "nossa, é um valor muito alto", ou "nunca tive tanto dinheiro guardado". Mas esse é um valor ideal, e te digo o motivo.

Essa reserva é uma forma de não depender de ajuda do governo. Por exemplo, se você ficar desempregado, ainda conseguirá sanar a maioria dos problemas — como em grandes imprevistos, como a pandemia do coronavírus em 2020, que deixam as pessoas desesperadas justamente porque não têm nenhuma reserva para as socorrer se diminuírem ou perderem suas rendas.

Um exemplo claro da importância de ter esse recurso foi quando eu e minha esposa tivemos nosso filho caçula, Gabriel. A reserva representou muito em nossa vida, já que ele nasceu de 7 meses e teve que ficar por 23 dias na UTI neonatal. Como o caso era muito delicado, visto que minha esposa tinha passado por muitas complicações durante a gravidez, fomos encaminhados para Goiânia, onde o parto seria feito de modo que ambos não corressem riscos.

De todas as preocupações e decisões que tivemos que tomar naquele momento, lembro que uma de nossas reservas, além de nos ajudar muito, nos dava paz, pois nosso único foco era o bem estar do nosso Gabriel. Um dia, quando fui levar minha esposa ao hospital para tirar leite (essa atividade era feita seis vezes por dia), ela caiu em prantos, dizendo que estava muito difícil e que não conseguiríamos.

Mas eu respirei fundo e disse "vamos conseguir sim, nosso filho é forte e está melhorando a cada dia". Ela respondeu que não teríamos condições de bancar tudo aquilo, então, falei "claro que teremos condições, nossa reserva foi criada justamente pra isso. Eu estou muito tranquilo quanto a esse assunto e feliz por saber que tudo está bem. Não quero que se preocupe com isso. Quero que foque todas as suas energias no nosso filho e em tudo o que faz pra ele, pois a saúde dele deve ser sua única preocupação agora".

Naquele momento, me senti muito forte e agradecido a Deus pela vida do meu filho. Entendi o quanto é importante ter reservas, pois elas trazem paz nos momentos delicados da vida.

Não se preocupe e nem se afobe por achar impossível atingir esse valor de reserva. Faça seu planejamento financeiro — esse tema ainda será abordado detalhadamente nos próximos capítulos — e defina uma meta financeira para criar sua reserva da paz. Você não precisa atingir o valor de uma vez, ele irá crescendo aos poucos.

Reserva dos projetos de vida

Essa reserva deve ser criada em conjunto com a primeira, caso tenha condições financeiras de ter as duas. Caso não, recomendo que primeiro crie a reserva da paz e depois foque nessa.

A reserva de projetos de vida é relativa aos seus sonhos de médio e longo prazo, às suas maiores vontades e metas, como por exemplo, casa própria, carros, viagens internacionais, etc. Não farei nenhum julgamento do que é melhor ou pior, pois cada um sabe o que quer para sua vida e, principalmente, o que o deixa feliz. Então, essa reserva parte de escolhas muito pessoais e íntimas ligadas aos seus sonhos.

Não existe certo ou errado nesse caso, mas é claro que, se seu foco for comprar um segundo imóvel, por exemplo, isso poderá trazer ganhos mensais e te ajudar mais rapidamente a atingir sua prosperidade financeira. Realizar sonhos pessoais também é muito poderoso, pois dá forças para continuar lutando.

Lembro-me de quando comprei minha primeira moto e de como foi gratificante. Estava com 18 anos de idade, fazendo faculdade, e tinha que pegar o ônibus todos os dias às 18h20. Como saía do trabalho às 18h, não podia jantar, e na maioria das vezes, saía de casa correndo até o ponto. Tive que fazer essa reserva juntando o pouco que sobrava mensalmente.

Foi um dos dias mais felizes da minha vida. Hoje, aos 35 anos e com outra realidade financeira, digo que foi indescritível a primeira vez em que me sentei sobre a moto. Aquela Honda Biz azul me deixou feliz e forte, pois eu podia chegar em casa, jantar e tomar um banho com tranquilidade, e aí sim ir para a aula.

Essa conquista me ensinou muito. Ali entendi que, sempre que fazemos um grande esforço para atingir um objetivo, o sentimento de força e autoconfiança aumenta muito e nos motivamos mais ainda a ir mais longe.

Independência financeira

A independência financeira é sua autoaposentadoria. Se você tem menos de 45 anos de idade, existe uma grande chance de não conseguir se aposentar pelo INSS, pois é uma instituição que sempre foi mal administrada pelo governo. Como a população vive cada vez mais, com o passar do tempo teremos cada vez mais idosos, e a tendência é de que irá chegar um momento em que todos não conseguirão mais se aposentar — nesse sentido, algumas medidas já têm aumentado a idade de aposentadoria.

Se você está na casa dos 30 anos, provavelmente irá trabalhar até os 70 anos ou mais se o seu único plano de vida for a aposentadoria pelo INSS. Por isso, meu convite é que monte sua independência financeira, que é uma renda pessoal que independerá de governo e te ajudará a arcar com sua qualidade de vida no futuro.

Existem diversos tipos de investimentos, como por exemplo, imóveis, investimentos financeiros que rendem mensalmente, investimentos em negócios, etc. O que você precisa entender é que é necessário ter uma reserva destinada a isso para que um dia possa atingi-la.

E para atingir a independência financeira, você precisa de dois pontos fundamentais. O primeiro é o acúmulo de capital que propiciará a possibilidade de escolher onde e como investir e quais investimentos fazem mais sentido para você, levando em consideração até mesmo o lugar onde vive. O segundo é o conhecimento que você tem. É preciso investir em conhecimento, pois ele ajuda muito a entender melhor os tipos de investimento e a aumentar o leque de possibilidades de negócios e rendas.

Criar reservas, ter metas e buscar incessantemente a independência financeira irá te ajudar a mudar seus hábitos de consumo e suas atitudes. Quando você tem metas poderosas e importantes, passa a pensar mil vezes antes de gastar seu dinheiro, por exemplo, em um celular de última geração que não irá mudar nada na sua vida, ou uma roupa nova que será apenas mais uma peça.

Na verdade, essa mudança de atitude poderá mudar sua vida radicalmente, pois ter essa consciência e viver com mais paz, sem gastar todo o seu dinheiro com coisas supérfluas que nada acrescentam, irá te transformar em uma pessoa mais destemida, e seus resultados crescerão muito.

Reserva da prosperidade (educação)

Essa reserva é um investimento que deve fazer parte do seu cotidiano. Investir em conhecimento é necessário, pois irá ajudar a ampliar suas ideias, suas capacidades e sua forma de pensar. Muitas pessoas fazem esse investimento sem perceber ou sem ter a percepção do que o conhecimento representa.

A reserva da prosperidade é um investimento em conhecimento, que ajudará a aumentar sua renda e amplificar seu entendimento sobre negócios ou áreas em que deseja atuar no futuro. Para mim, esse é um dos grandes segredos para se atingir o sucesso na vida, pois você investirá em áreas que no futuro vão te dar retorno.

É como fazer o curso de Medicina. O aluno estuda sua vida inteira, depois faz um cursinho e, quando passa no vestibular, estuda por pelo menos mais 8 anos para atingir seu objetivo inicial. Isso não vai garantir prosperidade e sucesso, mas a pessoa estará à frente de muitos outros para atingi-los.

Você deve programar, em seus gastos mensais, parte para investir em conhecimento. Vou dar alguns exemplos abaixo:

- Graduação
- Pós-graduação
- Cursos de finanças
- Livros
- Cursos de liderança
- Cursos na área em que atua profissionalmente
- Cursos de empreendedorismo

Existem diversos outros, porém o mais importante é que entenda que sua mente não pode ficar parada. Não pode ficar parado no tempo, esperando ter sorte ou que algo extraordinário aconteça. Entenda que o conhecimento é um caminho que abrirá muitas portas e possibilidades em sua vida.

Faça essa reflexão comigo. Imagine como era o mundo há 50 anos, e quais tecnologias existiam; carros, relógios, telecomunicação... Você irá concordar que era outro mundo comparado a hoje. Provavelmente, se alguém dissesse que em

2020 teríamos a internet e que faríamos tudo pelo celular, a maioria das pessoas iria rir e dizer que a pessoa estava louca.

Dei esse exemplo justamente para mostrar que o mundo não para de mudar e de criar coisas novas e formas novas de agir. Se não entender isso, ficará ultrapassado rapidamente. O mundo de hoje é o mundo da informação rápida — o que era novo ontem, amanhã não servirá para mais nada. Por isso você precisa adquirir conhecimento, conhecer novas possibilidades para não ficar parado no tempo.

Posso dar inúmeros exemplos. Algum tempo atrás, a televisão era unânime nas casas; hoje, muitas pessoas preferem escolher o que vão assistir pela internet, no YouTube ou na Netflix. Há poucos anos, as locadoras de filmes eram uma grande fonte de entretenimento, hoje ninguém mais sai de casa para alugar um filme.

Já parou para pensar sobre isso? Como as coisas estão mudando rapidamente, mas muitas pessoas estão parados no tempo, sem evoluir, sem aprender algo novo sobre sua profissão ou sobre novas profissões que estão surgindo? Quem poderia dizer que "Youtuber" seria uma profissão com possíveis ganhos extraordinários?

Entenda isso. Você precisa estudar, adquirir conhecimento e evoluir como pessoa e como profissional. Nunca deixe o comodismo tomar conta da sua vida — esteja sempre ativo, estudando algo, aprendendo alguma coisa. Isso te ajudará a entender cada vez mais os mecanismos da prosperidade e a desvendar novos caminhos e possibilidades para sua vida.

Após falar de todas essas reservas, agora é hora de colocar no papel e planejá-las. Lembre que tudo tem um início, e esse será o seu. Então, seja bem-vindo ao mundo da prosperidade, com planejamento e, principalmente, com ATITUDES em todos os dias da sua vida.

Faça um planejamento de suas reservas atuais e de quais ainda precisa criar. Depois, coloque essas reservas no seu planejamento financeiro mensal.

Reserva	Como será aplicada	Valor atual acumulado	Programação mensal
Da paz			
Projetos de vida			
Independência			
Prosperidade			
Outras reservas			

Juliezer Sousa

Capítulo 7
Como fazer seu planejamento financeiro

Tudo na vida tem um ponto de partida. Você não tem que ser organizado financeiramente apenas quando tiver muito dinheiro, tem que planejar e viver com o que ganha agora. É claro que é necessário ter objetivos a se alcançar e que isso gera mais liberdade nas finanças, conforme expus nos capítulos anteriores. Mas é essencial entender que viver com os pés no presente é muito mais importante para atingir prosperidade na vida do que se imagina.

Grande parte das pessoas que conheço que têm problemas financeiros, o passam por dois motivos.

1 – Querem viver uma vida que não têm condições de viver, usar roupas, calçados, celular, carro etc., que não conseguem bancar naquele momento.

2 – não têm um planejamento financeiro eficiente. Ou seja, ter no papel exatamente quanto ganham, como e quando gastam e alinhar esse planejamento com suas metas e objetivos.

O objetivo deste capítulo é fazer na prática um planejamento financeiro, sem histórias e sem teorias. Irei te ajudar a utilizar ferramentas e desenvolver o seu. Agora que você já viu sobre consumismo, compreendeu sobre bloqueios emocionais e crenças que te ensinaram quando criança, já aprendeu e entendeu a importância das reservas financeiras, vamos colocar tudo isso em prática.

Não se preocupe se nunca fez um planejamento financeiro. Apesar de muitas pessoas acharem complexo, na verdade é muito mais simples do que se imagina. Se você aprender a utilizá-lo como um norte para sua vida financeira, estará muito mais apto a conquistar seus objetivos.

Antes de iniciarmos o planejamento na prática, você precisa definir qual será a ferramenta que irá utilizar. Hoje temos diversas, e de várias formas — aplicativos, planilhas, programas, entre outros —, e afirmo que não existe uma maneira mais correta do que a outra. O importante não é o modelo, mas sim as informações e a consistência com que as lança e acompanha.

Dessa forma, não se preocupe muito com isso. Vou disponibilizar em meu site um modelo de planilha para você, caso não tenha. Isso te auxiliará muito no desenvolvimento desse planejamento.

www.juliezersousa.com.br/donwloads

As dificuldades encontradas no planejamento financeiro

Uma das maiores dificuldades para desenvolver o planejamento financeiro gira em torno de planejar os gastos cotidianos e as despesas eventuais. Colocar no papel e planejar as despesas principais é fácil, pois essas têm o valor exato e não podem deixar de ser pagas, como as despesas com água, energia, telefone, internet e aluguel.

O grande desafio é planejar todas as despesas — até as despesas eventuais devem entrar. Na maioria das vezes, elas são a grande vilãs, visto que, por não serem planejadas e colocadas no papel, fazem seu dinheiro sumir como um rastro de pólvora.

E como colocar essas despesas pequenas do dia a dia no planejamento? Esse será seu primeiro desafio prático do planejamento financeiro: entender e saber quanto de sua renda é gasto em pequenas despesas, como por exemplo, com lanches, jantares fora de casa, cerveja com amigos... qualquer gasto.

A partir de hoje, você irá lançar todas essas despesas colocando seu nome, data e valor, como no exemplo que será dado abaixo. A ferramenta que você utilizará pode ser variada — aplicativo é uma boa opção, pois o celular está sempre disponível e próximo; outra opção é um bloquinho de anotações, caso não goste de aplicativos.

O importante é fazer isso por um mês completo e, depois, quando for atualizar seu planejamento financeiro, já ter em mãos essas informações. Na maioria das vezes, elas representam um valor surpreendente. Só para se ter uma ideia, uma pessoa com renda inferior a R$10.000,00 por mês chega a gastar em média 30% de sua renda com essas despesas que muitas vezes são invisíveis no dia a dia.

Portanto, você precisa entender exatamente o que esses gastos eventuais representam em sua vida financeira para que possamos fazer um planejamento prático e real.

Outra dica importante é: não deixe para anotar depois. Sempre que efetuar um gasto, já o anote na hora, pois se deixar para depois, irá esquecer. Digo isso por experiência própria. Se deixamos para anotar alguns dias depois, quando vamos anotar, sempre esquecemos alguma coisa, pois no dia a dia aparecem muitas pequenas despesas. Por isso é tão importante ter uma forma de anotação rápida e que esteja disponível no momento em que precisar.

A importância do planejamento financeiro

Imagine uma casa construída sem projeto, apenas conforme o achismo do dono. Muitas pessoas não dominam o assunto e fazem isso em suas vidas financeiras — não desenvolvem um projeto, um caminho a ser seguido. É justamente essa a ideia do planejamento financeiro: desenvolver um caminho que faça sentido para você, o "seu projeto financeiro".

Há uma frase de William Shakespeare, em O Menestrel, que diz "se você não sabe para onde está indo, qualquer caminho serve". É exatamente assim com seu dinheiro. Se você não tem um plano e metas para o utilizar, acaba usando de qualquer jeito, mas sem critérios, em qualquer lugar e com qualquer coisa.

Por isso você deve entender que o planejamento financeiro é um projeto financeiro para sua vida, é um caminho que você irá traçar e percorrer. Isso não significa que esse caminho não possa sofrer alterações. É normal haver mudanças, mas sem esse Norte, fica impossível atingir bons resultados financeiros.

Planejamento financeiro na prática

Faça um levantamento de todas as suas receitas (seus ganhos), despesas e investimentos para colocar no planejamento financeiro. Divida as despesas por setor, tais como alimentação, saúde, educação, lazer, etc. Depois, analise quais investimentos você tem. Alguns exemplos de investimentos são imóveis, terrenos e aplicações financeiras. Faça o mesmo com suas receitas, salário, rendas extras, entre outros.

Lembre-se do que te falei no módulo de tipos de renda e como tê-las. Se você tem apenas um tipo, mesmo que seja alta, precisa acrescentar outras fontes de renda — primeiro para aumentar seus ganhos, e segundo, porque quando você diversifica sua renda, diminui os riscos, pois caso perca ou diminua uma, a outra se mantém.

Neste momento, com a planilha que disponibilizei (ou qualquer outra ferramenta) em mãos, coloque nela todas as suas contas, inclusive as parceladas. Isso vai te dar uma noção exata de como estão suas finanças, se está tendo sobras no fim do mês e como está seu endividamento para os próximos períodos com parcelamentos.

Depois de colocar tudo no papel, é hora de analisar. Faça uma análise criteriosa sobre seus ganhos em relação aos seus gastos, entenda exatamente para onde está indo seu dinheiro, em qual área você mais está gastando, e pergunte-se em que essa área está agregando à sua vida e se essa despesa é necessária.

Corte os gastos desnecessários ou que estejam altos para sua realidade financeira. Não tem segredo, nem enrolação, simplesmente o faça. Lembre-se do que foi dito nos capítulos passados: corte consumismos e despesas que não façam parte do seu atual momento financeiro.

Minha sugestão é que deixe 30% de sua renda para investimentos e realização de objetivos. Você irá pegar todos os sonhos e metas que anotou e planejá-los na prática — definirá quanto desse valor irá ser dedicado para cada reserva e meta. Algumas pessoas chegam a aplicar esse dinheiro separadamente para entender a finalidade de cada um.

Se seu sonho for comprar uma casa, e você já conseguiu organizar suas finanças para que sobrem 30% para investimentos, esse dinheiro poderá ser utilizado para dar entrada na compra da casa ou do lote, por exemplo.

Lembre-se de que, se você ainda não tem sua reserva da paz, esse deverá ser seu primeiro objetivo, pelos motivos já citados no capítulo anteriores. Ela será um grande ganho para sua vida, e quando conseguir alcançá-la terá mais motivação para ir à busca dos outros objetivos e metas.

Passo a passo no dia a dia

Depois de colocar tudo no papel, criar metas e estabelecer caminhos a ser seguidos, é hora de acompanhar esses resultados e sua execução no dia a dia. Recomendo que, no princípio, sempre dê uma olhada em sua planilha e observe se está conseguindo cumprir com seu plano.

Esse exercício será muito importante, principalmente no início — justamente para que você não volte a cometer os mesmos erros de consumismo e seu planejamento financeiro não se torne apenas uma planilha em que anotou sua vida ideal financeira, mas na qual, na prática, não aplicou nada. Esse é o plano financeiro para a sua vida e nele estarão contidos todos os seus sonhos e objetivos a ser alcançados. Portanto, não se autossabote mais. Faça de verdade o que se propôs e lembre: ATITUDES GERAM RESULTADOS.

Disponibilizarei no link abaixo um passo a passo para o dia a dia. Ele irá te motivar e ajudar a manter sua mente focada em seus resultados e metas, e impedirá que caia nas tentações de consumismo e distrações que acabam com seu dinheiro e com qualquer plano. Então, nos próximos 30 dias, você terá a tarefa de fazer uma ação dessa todos os dias.

www.juliezersousa.com.br/donwloads

Tipos de controle

Vou ensinar agora o melhor controle de finanças e planejamento financeiro do mundo. Sabe qual é? É o que é feito. Não adianta você ficar preocupado com o melhor método do mundo, com a melhor planilha, se você não o faz.

A melhor metodologia para planejamento financeiro é aquela que você sai do mundo da imaginação e faz de verdade, coloca tudo no papel (ou na planilha) e acompanha periodicamente os resultados.

Então pare de se preocupar com métodos e modelos mirabolantes e pegue todo o conhecimento que tem até o momento, inclusive a partir das várias dicas e aprendizados que adquiriu com este livro, e faça do seu jeito. Provavelmente você irá errar algumas vezes, nem tudo dará certo como o planejado. Mas lembre que o feito é melhor do que o perfeito.

Não adianta ter ideias fantásticas na cabeça e saber exata*mente* quais são seus sonhos se você vive esperando que surja o momento certo, que os ganhos aumentem, que chegue o próximo mês. Faça do seu jeito. Os resultados vêm do dia a dia, assim, pare de inventar desculpas e comece a agir.

Plano de quitação de dívidas

Aprenda a eliminar dívidas da sua vida. Neste tópico, irei ensinar a fazê-lo em quatro passos, e a transformar essas objeções em aprendizados que te ajudarão a crescer muito. Se você não é uma pessoa endividada e quiser pular este tópico, não tem problema. Porém, sempre digo que todo aprendizado vale a pena — então, mesmo não estando nesse barco, não custa nada pegar esses conhecimentos, que servirão até para orientar outras pessoas.

1 - Levante todas as dívidas.

Este é o seu primeiro passo. Coloque suas dívidas no papel — quantas você tem? Quantas parcelas faltam ser quitadas? E qual o montante devedor?

2 - Levante o seu orçamento.

Compare essas dívidas com sua renda mensal, para que consiga analisar se conseguirá colocá-las em seu orçamento mensal para as quitar, ou se será necessário traçar outras estratégias. Muitas vezes é necessário conseguir rendas extras para acelerar o pagamento desses débitos.

3 - Planeje.

Planeje como irá colocar essas parcelas ou negociações em seu orçamento para que não volte a ficar inadimplente. Faça isso com sua planilha de finanças na mão. Uma dica muito importante neste momento é: não assuma valores que não conseguirá honrar.

Pesquise as taxas de mercado e a viabilidade da portabilidade ou de um novo empréstimo.

Caso sua dívida seja com um banco, estude a possibilidade e as taxas de outros bancos para que consiga renegociar, ou, dependendo do caso, fazer um novo financiamento para encaixar essa dívida no seu orçamento. Isso se faz necessário principalmente quando há muitas dívidas espalhadas, pois concentrá-las em uma única parcela pode ajudar a entender melhor esse endividamento e honrá-lo com mais facilidade.

4 - Renegocie as dívidas.

Tente renegociar todas as suas dívidas. Quando você não renegocia, perde a oportunidade de ganhar descontos nos juros, ou até de diminuí-la. Eu sempre digo que, em uma negociação, o "não" você já tem.

Esses quatro passos te ajudarão a sair de dívidas e problemas financeiros para depois iniciar sua prosperidade. Ninguém prospera na vida devendo ou dando prejuízo para outras pessoas. Aprenda isso, nunca deixe alguém no prejuízo, pois é como um bumerangue que vai e sempre volta.

É incrível a quantidade de exemplos que vejo disso. As pessoas vivem sofrendo e não percebem, vivem dando prejuízos para outras pessoas e, então, não prosperam. Não ande por esse caminho, pois irá ficar "patinando" em pequenos obstáculos e não irá progredir. Se você deve a alguém e por algum motivo não pagou, mesmo que já tenha muito tempo e essa pessoa nem se lembre mais, vou te dar uma tarefa.

Procure essa pessoa e pague-a quando puder. Talvez você não entenda o que estou te dizendo agora, mas garanto a você que uma atitude dessas poderá ser um divisor de águas em sua vida. A história é simples: não faça com ninguém o que não gostaria que fizessem com você.

No link abaixo, irei disponibilizar um material para que coloque todas as suas dívidas que ainda não estão negociadas e depois passe para o seu planejamento financeiro mensal.

www.juliezersousa.com.br/donwloads

Capítulo 8
Como alcançar a sonhada independência financeira

Neste capítulo, irei falar da tão sonhada independência financeira e como alcançá-la. Acredito que a maioria das pessoas tem esse sonho, mas colocar atividades e energia em prática para atingir esse resultado é outra história. Ficar no sonho não te levará a nenhum resultado, mas transformar esse sonho em objetivo, com tarefas e desafios a serem cumpridos, muda totalmente o cenário.

Alcançar a independência financeira é algo que está ligado diretamente aos resultados que você já atingiu ou está atingindo, e principalmente, o que está fazendo com eles. Se você fizer muito dinheiro, mas quanto mais ganhar, mais gastar, provavelmente nunca terá independência financeira, ainda que tenha uma vida boa naquele momento. E isso trará duas consequências:

A primeira delas é que, se em algum momento seu desempenho diminuir, você sofrerá muito, pois seus ganhos irão despencar e não conseguirá manter suas despesas e seu padrão de vida.

A segunda é que você nunca irá parar de trabalhar. A independência financeira nada mais é do que acumular recursos até chegar a um ponto em que seus resultados irão custear seu padrão de vida. Ou seja, não precisará trabalhar mais para manter seu estilo de vida.

Existem vários tipos de investimentos que garantem essa tranquilidade, como investimentos financeiros, em imóveis, em empresas consolidadas no mercado. Você deve estudar e conhecer um pouco mais sobre cada um desses mercados. Se me perguntar qual desses é o melhor, irei dizer que depende muito do momento e das circunstâncias, então o ideal é diversificar seus investimentos.

Assim, quando algum dos investimentos não der os resultados que espera, talvez até prejuízo, os outros compensarão. Mas como eu disse, não adianta que eu me dedique para ensinar e explicar como investir todo o seu dinheiro se ele nem existe no momento. Então, meu foco neste livro é te ensinar a mudar seus comportamentos e suas atitudes, e te transformar num poupador que dedicará pelo menos 30% de sua renda para a criação de prosperidade em sua vida.

Introduza "investimento" na sua vida
e gaste seu dinheiro com propósito

Para isso, você precisa colocar propósito no seu dinheiro. Já se perguntou como e por que gasta o seu dinheiro comprando as coisas que compra? É claro que muitas dessas coisas são obrigações, como água, energia, telefone, plano de saúde e outras contas banais que fazem parte da vida de qualquer um.

Todavia, nesse caso, me refiro às suas escolhas de vida. Suas roupas, seus calçados, seu carro ou sua moto, etc., tudo isso forma seu estilo de vida. Minha pergunta é: você tem propósito com seu dinheiro? Se sua resposta for sim, você sabe exatamente do que estou falando. Se for não, não faz ideia do que estou falando e está perdido, mas irei te explicar melhor.

Ter propósito com seu dinheiro está ligado a dois pontos principais: o primeiro é o que você idealiza para a sua vida daqui a alguns anos. Você quer ser uma pessoa com independência financeira e viver com mais tranquilidade, ou quer o segundo modelo, em que as pessoas não planejam nada e seja o que Deus quiser?

No entanto, não adianta dizer que quer ter independência financeira se suas atitudes não condizem com a intenção de atingir esse resultado. Ter propósito com o seu dinheiro é saber quais resultados quer atingir na vida e gastar conforme esses objetivos. Em vez de gastar todo o dinheiro que ganham mantendo um padrão de vida maior do que podem, pessoas prósperas e com propósito vivem um pouco abaixo, para poder guardar dinheiro e transformá-lo em investimentos, até que um dia esse dinheiro comece a trabalhar para elas.

Além disso, as pessoas prósperas não buscam o prazer imediato comprando produtos que não vão agregar em nada ao objetivo da liberdade financeira, como os já citados acima e adorados pelas pessoas não prósperas.

A partir de agora, entenda o seu dinheiro da seguinte forma: todo gasto é um investimento — se você gastar hoje, está investindo no seu presente para melhorar sua qualidade de vida, e se está aplicando, está investindo no futuro para viver com mais tranquilidade daqui a alguns anos. São suas atitudes e sua maneira de gastar o dinheiro hoje que vão determinar sua forma de vida daqui a alguns anos. Nada na vida é por acaso.

Olhe ao seu redor e encontrará exemplos facilmente. Conheço pessoas que tiveram rendas similares durante muitos anos, porém hoje uma delas está vivendo tranquilamente, com imóveis alugados (um tipo de renda passiva que já expliquei) e com uma qualidade de vida boa; e a outra, que viveu o momento gastando tudo o que tinha e mais um pouco, sempre se endividou e nunca teve reservas, agora tem como resultado ter que trabalhar da mesma forma de anos atrás para conseguir manter o mínimo de qualidade de vida.

Entenda que a escolha é sua, e os resultados que irá obter, também. Eu sei que não é fácil tomar a decisão e mudar totalmente suas atitudes para conseguir investir parte de seus ganhos todo mês, religiosamente. Porém, será muito gratificante chegar a um momento da vida em que você terá plantado tanto que colher frutos será natural.

Eu acredito que o dinheiro é um meio para que possamos conquistar todos os objetivos e concretizar todos os nossos sonhos. Contudo, ele não pode ser o objetivo principal de sua vida. Na verdade, ele é o meio para conquistar coisas importantes e fazer o bem para sua família e também para outras pessoas. Qual propósito você quer dar daqui pra frente para o seu dinheiro? Escreva nas linhas abaixo quais resultados você pretende atingir e como quer que sua vida esteja daqui a 10 anos.

Meu propósito com meu dinheiro é:

Treine seus olhos para identificar oportunidades

Aprenda a investir e conhecer oportunidades de bons negócios. Não passe uma vida de consumista, sem conquistar nada e sem progredir, apenas ganhando e gastando com um monte de coisas que não fazem sentido.

Um grande exemplo disso é quando você olha para o passado e se lembra das suas compras de anos atrás. Coisas que comprou que estavam na moda, hoje não fazem nenhum sentido, por exemplo. Pare de viver uma vida de marionete, sendo levado pela onda do consumismo, e comece a viver uma vida de propósito, com metas e objetivos claros a serem alcançados.

Por isso, te convido a aprender esta regra: "dinheiro gera dinheiro". Treine seus olhos para identificar oportunidades de negócios; comece a procurar por elas, como por um lote ou um carro à venda. Aprenda e entenda de negócios, pois toda pessoa próspera sempre está buscando oportunidades de mercado, e quando é possível, ganha dinheiro com elas.

Eu sei que deve estar pensando: "mas eu não tenho dinheiro ainda!". Todavia, você precisa treinar seu cérebro para entender de oportunidades. Aprenda a estar sempre ligado, olhe e treine seus olhos para buscar essas chances, pois quando tiver recursos, estará preparado para as aproveitar.

Quando eu digo que dinheiro gera dinheiro, é porque oportunidades de bons negócios sempre irão existir. Não obstante, só as aproveita quem tem dinheiro e está antenado, identificando e entendendo o que se passa no mercado. Quem fica preocupado e olha apenas qual é o último modelo de celular que foi lançado no mercado não desenvolve essa habilidade.

Vou dar um exemplo prático. Imagine que exista um lote à venda no melhor bairro de sua cidade. O dono desse lote tem outros negócios, e para não perder uma grande oportunidade, irá vender esse lote rápido e com preço abaixo do mercado. Suponha que esse lote valha R$150.000,00, porém, para uma venda rápida e para que o dono consiga o dinheiro logo, ele aceita proposta de até R$120.000,00.

Se alguém tiver esse dinheiro, comprar esse lote, colocar a placa de vendas com o seu telefone e pedir os R$150.000,00, que é o valor de mercado, irá ganhar uma quantia que investimento financeiro nenhum dá. Aí você me diz que isso não existe — sim, existe, muitas pessoas inclusive vivem disso e esse tipo de negócio e possibilidade se apresenta para diversas outras áreas.

Você apenas tem que se preparar e aprender a ter olhos para identificar essas oportunidades enquanto acumula capital. Ademais, se aprender sobre negócios e começar a identificar oportunidades, você pode ganhar dinheiro mesmo sem ter para investir — pode indicar a pessoas que têm recursos e que pagarão comissão pela indicação, por exemplo. É por isso que digo, treine seus olhos para identificar oportunidades.

Todo dinheiro gasto é um investimento

Diante de todas as ideias e aprendizados que já relatei, neste momento te convido para mais essa reflexão, que irá mudar muito suas atitudes com o dinheiro. Um dos grandes erros com o dinheiro está na forma de vê-lo. Já falamos de sentimentos relacionados a ele, mas meu foco agora é mostrar como entender seus recursos de maneira eficiente.

Entenda que nossa vida é vivida sempre no presente. O passado deve ser entendido como as experiências que tivemos na vida — algumas são boas, outras não. O importante é entender que tudo o que vivemos hoje e ontem serve para que possamos fazer um futuro melhor.

Não deixe experiências negativas ou erros nortearem a sua vida. Pelo contrário, entenda que esses erros te deixam mais forte e sábio para que não erre novamente. Aprenda que você pode, e deve, estar sempre em evolução, aprendendo algo novo e transformando sua experiência de vida em aliada e seus aprendizados em capacidade, como está fazendo agora ao ler este livro.

Geralmente não se entende que o dinheiro que gastamos é um investimento. A diferença é que alguns investimentos são inteligentes e prósperos e ajudam a evoluir, e outros não. Logo, reflita sobre a técnica que irei te ensinar agora e a utilize em sua vida a partir de hoje.

Se no passado você gastou um dinheiro que não tinha e está pagando as parcelas agora, você fez um investimento com recursos de terceiros e agora precisa pagar a dívida com os devidos juros. Agora quero que reflita se esse investimento valeu a pena, se o resultado foi positivo.

Todo o dinheiro que você gasta hoje é um investimento. Sair para lanchar com um amigo, comprar um tênis novo, ir a um happy hour, tudo isso é investimento em sua qualidade de vida, em seu presente. Entenda isso e começará a economizar. Já reparou em como gastamos nosso dinheiro com coisas ou momentos que não valem a pena e dos quais na verdade nem gostamos? Muitas vezes você se perguntará para que gastou seu tempo e seu dinheiro com aquilo.

E é justamente essa reflexão que quero sugerir. Tempo é a maior fonte de recursos que temos, pois ele não volta e é limitado para todos. Então, faça valer a pena cada momento. Não gaste seu tempo e seu dinheiro com coisas banais, que não fazem sentido, apenas para agradar outras pessoas que talvez daqui a alguns dias nem estarão mais em sua vida.

Ninguém investe em coisas que não acredita que sejam boas e de que não gosta. Desse modo, quando for convidado para algo, não vá apenas por educação, para satisfazer outra pessoa, ou pior ainda, se perguntando o que está fazendo lá. Estará perdendo seu tempo e seu dinheiro.

Quando digo para entender que cada momento e cada gasto é um investimento, é porque nossa vida é passageira e devemos aproveitá-la ao máximo. Se você se senta com um amigo para tomar um café e tem com ele uma conversa profunda e gostosa, essa conversa te traz boas lembranças e você diz "que momento bom tive com esse amigo hoje", isso terá sido um investimento válido e positivo.

Aprenda também a investir parte de sua renda em um futuro melhor. Entenda que felicidade não é comprar tudo o que vem à cabeça. A felicidade é um sentimento que se tem quando está animado, entusiasmado ou eufórico, e isso não é algo alcançável apenas quando se adquire um celular novo. Você pode senti-la quando quiser — está dentro de você.

Certa vez, em uma palestra, um senhor me perguntou qual é o motivo para investir em um futuro melhor, poupando parte do que ganho, se não sei se estarei vivo no próximo dia. Eu expliquei para ele que, para sermos felizes, não precisamos sair comprando tudo. Isso não é felicidade. Muitas vezes, são apenas enganações para disfarçar quando não estamos felizes. A felicidade é um sentimento tão simples que é preciso estar bem consigo mesmo independentemente de sua situação financeira atual.

Então, economizar parte do que ganha para um futuro melhor, e ser feliz no presente, é possível e te auxiliará a ter uma vida bem melhor daqui a alguns anos. Eu fiz duas perguntas para aquele senhor e no final da palestra ele veio me agradecer pelos conselhos.

A primeira pergunta foi se ele pretendia trabalhar pelo resto de sua vida, até o último dia. A segunda foi, e se Deus lhe der a oportunidade de viver por mais muitos e muitos anos, como será? Ele ficou bastante reflexivo e me entendeu.

Essa é a grande questão. Devemos viver bem no presente e ser felizes, mas isso não nos dá o direito de não pensar no futuro e não economizar parte de nossos recursos em investimentos para um futuro melhor. Se você decidir viver sem fazê-lo, terá duas escolhas: depender de alguém para te ajudar, ou trabalhar até o último dia de sua vida, se sua saúde permitir.

Sempre que dou essas opções para as pessoas, elas dizem que não gostam de nenhuma das duas. Então, digo para elas que, inevitavelmente, se Deus der a oportunidade de viver por muitos anos, uma das duas opções será imposta pela vida — ou é possível mudar isso agora, ao planejar e investir parte dos recursos para ter um futuro melhor.

O ideal é que você invista seu dinheiro e seu tempo usando a relação 10/70/20. 10% no passado, aprendendo com experiências que teve e pagando dividas ou gastos que tenha comprado parcelados; 70% no presente, com os pés no chão e vivendo bem o hoje; e 20% planejando e investindo no futuro. Particularmente, acredito que, dependendo do momento financeiro de cada um, até 30% pode ser aplicado para um futuro melhor.

Partindo desse princípio, seu investimento mensal deve ser em torno de 20% dos seus recursos. É valoroso utilizar as seguintes quatro formas poderosas, para que além de economizar parte de seus ganhos, esses recursos também rendam com juros e te ajudem mais ainda a prosperar. São elas:

1 – Todo mês aplicar mais um pouco. Ou seja, o dinheiro aumentará mensalmente.

2 – Esse dinheiro aplicado irá render juros e crescer.

3 – Desenvolver habilidades ao treinar seu cérebro para identificar e aproveitar essas oportunidades, que também gerarão rendimentos.

4 – Investir parte em conhecimento, para ter mais capacidade de ganhar mais e conhecer novas oportunidades de negócios e possibilidades.

Aprenda a fazer pequenos investimentos, que dão retornos significativos, e entenda que você precisa ter continuidade. Mesmo se seguir todos os passos e aumentar sua renda, se não tiver consistência, não adiantará muito. Esse é o pecado capital da prosperidade financeira. Já orientei e vi inúmeras pessoas cometerem esse erro — não adiantará nada se organizar, melhorar sua disciplina, aumentar sua renda e iniciar um acúmulo de capital, se não tiver consistência.

Infelizmente, muitas pessoas fazem isso. Em um determinado momento, se rendem aos caprichos do consumismo e gastam todas as suas economias comprando um carro novo (que na maioria das vezes se desvaloriza e gera juros e despesas mensais), ou gastando de qualquer maneira. Você precisa entender que, quanto mais dinheiro tiver, mais tentações aparecerão. Por isso é tão importante ter objetivos e metas claras a ser alcançadas.

Juliezer Sousa

Capítulo 9
Construindo objetivos, metas e projetos financeiros

Aprender a construir objetivos e metas ideais para si é desafiador. Não existe um padrão de vida que seja ideal para todos — o que eu penso sobre sucesso pode ser diferente do que você pensa. Então, é importante entender o que e quais são seus objetivos, o que pretende alcançar que te deixará orgulhoso de si mesmo e te dará uma vida melhor daqui a alguns anos.

Sonhos são vontades que construímos na nossa imaginação, das quais não temos a atitude de correr atrás e, então, ficamos esperando pela ação de Deus. Neste capítulo, transformaremos esses sonhos em objetivos claros, com tarefas, prazos e metas a serem cumpridas.

Irei te ajudar a desenvolver projetos de pequena, média e longa duração para atingir a tão sonhada prosperidade financeira. Será o capítulo mais desafiador, pois a maioria das pessoas tem bloqueios e crenças fortíssimas em torno desse tema. Alguns pensam em coisas pequenas, pois ficam com medo de se frustrar, outros pensam que é impossível atingir alguns de seus sonhos.

Você deve entender que é um ser humano muito capaz, e que tudo o que se propuser a fazer se transformará em realidade, se realmente desejar e estiver disposto a pagar o preço — sim, eu disse pagar o preço. A vida é feita de escolhas, e ter sucesso, atingir prosperidade, também são escolhas, pelas quais terá que pagar um preço. Terá que abdicar de alguns prazeres momentâneos para atingir patamares inacreditáveis na vida.

Quando for montar seus projetos e objetivos, quero que lembre que sonhar pequeno dá o mesmo trabalho que sonhar grande, e que o principal é entender qual é o seu propósito de vida, o que te faz feliz de verdade, e não o tamanho do seu sonho. Quando entender isso, estará pronto para atingir o seu sucesso.

O primeiro passo é transformar seus sonhos em objetivos. Sonhos, em nossa mente, são entendidos como coisas impossíveis de ser alcançadas. Quando alguém diz que tem um sonho, está dizendo para si mesmo que é impossível atingi-lo, ao menos que seja um milagre, como ganhar na Mega-Sena.

Agora, quando alguém diz que tem um objetivo, está mandando uma mensagem fortíssima para seu corpo e sua mente. É a mensagem de que existe um caminho a se percorrer até atingir aquele resultado. Sempre brinco em minhas palestras que o único sonho que podemos alcançar na vida é aquele vendido na padaria. O que atingimos são objetivos traçados, com tarefas e dedicação intensa.

Destarte, transforme seus sonhos em objetivos. Divida-os em projetos de pequeno, médio e longo prazo. Projetos de pequeno prazo são ações e mudanças que você precisa rever para atingir coisas maiores. Não faça desses pequenos passos seu objetivo final, como por exemplo, quitar dívidas ou comprar um carro — esses são apenas pequenos objetivos. Os objetivos de médio e longo prazo são coisas grandes, como o que quer fazer na vida, onde quer morar, qual estilo de vida quer ter. Mesmo que na sua visão atual esses resultados sejam impossíveis, você não precisa prender sua mente na situação em que vive agora, mas sim libertá-la para atingir resultados extraordinários. Quanto maiores forem seus objetivos de vida, melhores e mais libertadoras serão suas atitudes.

Desenvolva seus projetos e objetivos por meio de metas alcançáveis com prazo definidos. Divida-os em ações que consiga alcançar, como por exemplo, eliminar o consumismo e aplicar pelo menos 20% de sua renda. Muitas pessoas me dizem que o valor que estão guardando está muito longe do que sonham. Eu sei disso, mas o caminho realmente é longo e árduo.

Não obstante, você só atingirá o resultado se tiver essa disciplina e consistência por anos.

Um aspecto importante neste momento é deixar o impossível de lado e trabalhar sua imaginação. Lembre-se do que falamos no capítulo sobre crenças e bloqueios. Não deixe que te governem — suas crenças e bloqueios podem te rodear agora, fazendo você acreditar que algo é impossível, pensar que não conhece ninguém que atingiu determinado resultado magnífico, se limitar e dizer que não consegue. No entanto, é necessário que pense positivo e crie metas desafiadoras para sua vida.

Transforme sonhos em objetivos

Saia da teoria e do campo dos pensamentos e vá para o campo do planejamento e da ação. Sabe aquele sonho impossível? Coloque-o no papel e transforme-o em objetivo a ser atingido, dividindo-o em tarefas que precisa fazer para realizá-lo.

Sim, esse é o segredo que ninguém nunca te contou. Você atinge resultados impossíveis quando para de se perder em sonhos e os transforma em objetivos, com tarefas e metas a serem cumpridas. É justamente isto que irei te ensinar a fazer agora: colocar esse sonho no papel e dividi-lo em pequenas metas a atingi.

Listarei seis ações que precisa fazer para transformar um sonho em realidade;

1 - Liste os seus sonhos;

2 - Transforme sonhos em objetivos: sim, esse passo se trata de aceitação mental. Depois, divida-os em tarefas que precisa realizar para alcançar os resultados. Geralmente, um sonho tem muitas tarefas, e pra te ajudar, disponibilizarei uma planilha 5w2h para que você as organize e monitore os resultados alcançados, o tempo, o custo e tudo que envolveu o desenvolvimento de cada tarefa.

www.juliezersousa.com.br/donwloads

3 - Liste quais habilidades e recursos precisa ter para alcançá-lo: provavelmente irá descobrir que ainda não desenvolveu algumas dessas habilidades. Isso pode se transformar em mais uma tarefa, como por exemplo, fazer um curso, ou conversar com pessoas que já fazem.

4 - Liste quais recursos financeiros precisa ter: se um de seus sonhos é comprar uma casa, você deve definir exatamente quanto custará essa casa. Assim, você terá uma meta financeira a ser alcançada.

5 - Liste quais conexões precisa fazer: entenda que, quando conversa e convive com pessoas que já fizeram o que você quer atingir, elas te ajudarão muito. Contarão suas experiências e

descreverão o que deu muito certo, o que deu errado e quais as melhores estratégias. Desse modo, se conecte com pessoas que já atingiram esse resultado almejado, pois isso irá te ajudar muito.

6 - Desenvolva networking com elas: converse, conheça novas pessoas da área; tudo irá ajudar a aprender e entender melhor como atingir aquele resultado. Por exemplo, se um de seus objetivos é ser um milionário, conheça milionários. Faça amizade com pessoas que tenham atingido esse resultado, escute suas histórias e perceberá que o que almeja não é impossível, mas sim que você provavelmente está indo por caminhos errados.

Em resumo, transforme objetivos em projetos de pequeno, médio e longo prazo.

Divida esses projetos em ações que você faça todos os dias, semanal ou quinzenalmente, monitore o que está faltando e adicione o que ainda precisa melhorar.

Preencha nesta tabela seus sonhos; divida esses sonhos em etapas (objetivos); faça uma análise de quais habilidades e recursos você tem e quais ainda precisa obter; modele pessoas que já alcançaram esses resultados e se conecte a elas.

Você está satisfeito com sua vida financeira?

Sonhos	Etapas (objetivos)	Habilidades	Investimento
Exemplo: Comprar uma casa	Economizar 30% da minha renda mensal	Conhecer mais de finanças pessoais e investimentos.	R$50,00 Livros, cursos, etc.
	Juntar R$50.000 para a entrada	-	-
	Conhecer tipos de financiamentos	Conhecer mais de mercado financeiro e onde conseguir.	Visitar instituições financeiras
	Definir local onde comprar a casa	Fazer pesquisa sobre melhores bairros da cidade	-
	Conhecer pessoas que atingiram esse sonho ganhando a mesma renda	Conectar com pessoas que tenham esse resultado	-

Capítulo 10
Consistência, o segredo do sucesso

Não adianta fazer algo apenas durante um dia, uma semana ou um mês. É necessário entender que terá que manter essa disciplina por um período de médio a longo prazo para atingir resultados significativos.

A maioria das grandes empresas começou pequena e nunca parou de persistir. Esse é o grande segredo do sucesso. Você terá muitos obstáculos, desafios e pessoas tentando te desanimar a todo o momento, mas não pare de lutar.

É muito melhor uma pessoa que erra tentando do que um parado e desanimado. O que errou aprendeu algo novo, o que está parado, continuou parado. Não deixe as desculpas guiarem sua vida. Assuma o comando dos seus sonhos e pare com as frases prontas, "vou deixar para o ano que vem", "não consigo", "não tenho disciplina para isso". Sei que já citei isso, mas estou reforçando para que você não se esqueça, pois essa persistência te ajudará muito.

Tudo o que pensa e faz se transforma em sua verdade. Se você diz que não consegue emagrecer, eu acredito, porque está assumindo que não irá fazer nada para emagrecer. Se disser que irá mudar sua vida para ser mais saudável, eu também acredito, visto que tudo depende exclusivamente de duas coisas: suas atitudes e sua consistência.

Não tente atingir resultados com um dia, nem com um mês. Entenda e aprenda durante o processo, aprenda a sentir prazer durante o caminho. Conte para as pessoas próximas em que tem confiança quais resultados já atingiu e aonde quer chegar — mas não espere que ninguém te motive. Lembre que a meta é sua e que os resultados serão seus.

Sempre que vejo uma pessoa desistindo de um sonho, a primeira pergunta que faço a ela é: "tem quanto tempo que está buscando esse resultado?". Se a resposta for menos de 2 anos, geralmente está faltando consistência e planejamento.

Planejamento, ao colocar no papel como ensinei no capítulo passado, e consistência, para continuar se preparando física, espiritual e financeiramente para atingir aquele proposito.

Pense nisso. Não existe nenhum resultado impossível de atingir, existem apenas pessoas que desistem no meio do caminho. Infelizmente, são muitas. Vejo muitas histórias de músicos e esportistas que persistiram em seus sonhos até um dia uma porta se abrir e os resultados começarem a aparecer.

Não deixe ninguém te dizer que não irá conseguir, pois essa decisão é exclusivamente sua. É você quem tem a capacidade de dizer se vai ou não atingir os resultados.

Esse com certeza é o seu maior desafio. Se não tiver consistência, não irá atingir prosperidade financeira, muito menos liberdade financeira. É importante entender que esse resultado é grandioso e que transformará sua vida para sempre, portanto, terá que ter paciência e passar por muitas provações.

Tenha consistência. Não desista, não desanime, e lembre que todo dinheiro gasto é um investimento, e que as mudanças de comportamento com ele farão toda a diferença nos resultados que atingirá. Aprenda a gastar seu dinheiro com os olhos sempre voltados para a prosperidade.

Tenha a ATITUDE de iniciar sua jornada em prol do sucesso e da prosperidade, e não se preocupe se os passos estão sendo grandes ou pequenos. O importante e continuar a dar passos a favor dos seus objetivos, metas e sonhos.

Juliezer Sousa

Considerações finais

Chegamos ao final deste projeto. Quero parabenizá-lo por chegar até aqui e espero que esteja desenvolvendo e cumprindo as tarefas e ferramentas que te apresentei durante o livro. Assim como foi dito no último capítulo, agora é a hora da prática e da consistência, de fazer no dia a dia.

Você está terminando este livro com muitas habilidades e conhecimentos sobre suas atitudes, comportamentos, sentimentos, sobre como aumentar sua renda e, principalmente, como desenvolver seu planejamento financeiro na prática. Se você montou seu planejamento financeiro e conseguiu estruturar seus objetivos, dividindo-os em pequenas metas com tarefas, agora precisa repetir isso por um período até começar a ter resultados.

Este com certeza é o maior desafio: continuar a vida com disciplina, viver com alegria e felicidade, mas sem deixar as armadilhas do consumismo te desviarem de seu propósito.

Espero que possamos nos encontrar em novas oportunidades. Lembre-se de que a sua busca pelo conhecimento e pela evolução deve continuar. Em vista disso, nunca deixe de buscar novas habilidades e, especialmente, de colocar essas ferramentas em prática, pois conhecimento sem ação não gera transformação.

Desejo muita prosperidade em sua vida. Principalmente, desejo que assuma o remo desse barco, que suas finanças e sua vida sejam feitas de desafios, oportunidades e crescimento, e que suas ATITUDES sejam sempre em prol de evoluir, de se transformar e transformar o mundo em um lugar melhor. Muita prosperidade, e lembre que a grande mudança está dentro de você.

Juliezer Sousa

Você está satisfeito com sua vida financeira?

Juliezer Sousa – Escritor, Palestrante,
Empresário, Coach e Consultor Financeiro.

Sobre o Autor

Juliezer Sousa é fundador do Instituto Prosperar. É graduado em Ciências Contábeis pela Universidade de Rio Verde – Go. Possui MBA em Gestão Estratégica de Negócios pela Universidade do Estado de Goiás. Tem formação internacional em Coaching, PNL e Coaching Financeiro pelo Instituto de Coaching Financeiro. Possui formação superior em Advanced Coaching e formação superior em Gestão de Empresas, Vendas e Marketing, ambas pela Faculdade Cambury. Tem mais de 50 formações em gestão financeira empresarial, estratégias de mercado, marketing, finanças pessoais e áreas afins. É empresário, palestrante, consultor e coach financeiro. Já ministrou mais de 100 palestras, treinamentos e consultorias em diversas empresas de todo o país.

Siga-me nas redes sociais
YouTube:/Juliezer Sousa
Instagram:/juliezersousa
Facebook:/juliezersousafin
LinkedIn:/Juliezer Sousa

Conheça também nossos treinamentos e palestras
Site: www.juliezersousa.com.br

CASA DO
ESCRITOR

casadoescritor.com

www.ingramcontent.com/pod-product-compliance
Lightning Source LLC
Chambersburg PA
CBHW070347220526
45467CB00001B/277